吉留路樹
Yoshitome Roju

古代の敗戦国日本

大敗戦が招いた支配と干渉・隠された真実をえぐる

発行：東アジア研究会
発売：花乱社

はじめに

一九四五年八月、日本がアメリカとの戦争に負けてからの七年間、サンフランシスコ講和条約が発効するまで日本には「占領軍」がいた。そしてその後も、講和条約とワン・セットで締結された安全保障条約によって、「駐留軍」と名を変えたアメリカ軍が腰を据え続けている。この間、官僚政治家を主軸とする保守政権が延々と続き、経済問題でこそ日米摩擦などという競い合いはあったけれども、政治的には全くと言ってよいほどの協調——と言えば聞こえはよいが、実は従属に近い関係に終始した。

占領七年、半占領四十年、まさに半世紀にも及ぶアメリカ一辺倒の姿である。この国の首相が交代する度にワシントンに飛んで行き、まずもってアメリカ大統領の髭の塵を取り払ってくる「慣例」がそれを象徴する。政治だけではない、科学・芸術を含めた文化面から一般的国民生活の面に至るまで、ことごとくアメリカが入り込んできて、日本人の言語や風俗・習慣にさえ影響と変化を及ぼしている。

断っておくが、私はこうした傾向に悲憤慷慨したり、失望しているのではない。一面的ではあるが、あの軍国日本の時代がそのまま続いたとするより、大衆庶民にとっては遙かに優れていて、恵まれたり、助かったりするところも多く、そもそも敗戦とは一体なんであったか、と考えさせられることすらある。とりわけ、民主主義の根幹をなす基本的人権の尊重やそれに伴う言論・表現の自由、これを自らの闘いで勝ち得なかった歴史を振り返るとき、アメリカ軍の長期駐留という国辱的現象を差し引いても、深化するアメリカナイズぐらいは我慢しなければならないであろう。本来、日本人は、一時期のハシカ的症状に強く、やがてはそれを克服し、同化し切ってしまう特性を備えているのだから。

戦争で勝ったり負けたり、支配したり支配されたり、人間は愚かしく哀しくも相剋を繰り返し、何千年かの歴史を刻んできたが、その間に東西諸民族の交流を通じてさまざまな文明・文化が重なり合い、いつしかその国、その民族自体のものに同化してしまったものもあれば、風化し、枯渇して、地上から消滅したものもある。

私たち日本人に即して言えば、原始ハダカ同然の生活にまず朝鮮半島の文物が人とともに渡来した。次いで中国から、そして十六世紀以降にはヨーロッパから、十九世紀には黒船のアメリカから、いずれも変革を伴う文明と文化が海を越えてやって来た。けれども、この日本列島の住民生活に根本的変動をもたらしたのは、第一が七世紀の中国による影響、第二は二十世紀のアメリカによるそれである。

第一の変動は、中国型律令政治とともに百済仏教から唐教への衣替えをはじめ、宮中の服制や官制、庶民における習慣・風俗、漢字の常用、食物に至るまで変えてしまい、第二のアメリカナイズ時代を迎えるまでの千数百年に跨がって――というより、それ以後もまだわれわれを中国文化圏内にとどめる作用を及ぼしている。

たしかに、第二番目の太平洋から吹き寄せたアメリカ型民主主義の風も凄まじいものであったが、日本人の骨の髄にまで染み込んだ漢字文化と仏儒哲学のエキスは、そう簡単には払拭できない。対米・対欧経済摩擦に見られる欧米人との違和感も、実は何千年もの間に培われた歴史と風土によって生じたものであることを欧米諸国は知るべきであろう。

日本列島の住民は、主体的に行動して変革を摑み取ることには消極的であった。本質的に守旧的なのである。ただし、外部からの強圧あるいは強制には脆く、否も応もなく受け入れ、いつの間にかそれを自分のものにしてしまうという器用さも持ち合わせているから、漢字と仏儒思想を身につけていながら、しかも漢民族とは異なる「日本文化」を創り出したし、アメリカ型民主主義を押しつけられても欧米とは違った日本流民主主義に修正してしまうのである。

その原因は何であろう？　それは、歴史と風土もさることながら、実はこれら外から来た文明・文化なるものが、いずれも戦争、もっと正確に言うなら「敗戦」という苦汁とともに来航したからにほかならない。小さな変動であった十六世紀以降のスペイン・ポルトガル・オランダ・イギリス来寇、十九世紀の黒船来寇にしても、これらはすべて向こう側が喧嘩腰の強制強圧で日本にもたらした変革であった。

初めイヤイヤながら受け入れ、そのくせ一旦馴染んでしまうと巧みに日本化して容易に放さないのが日本人である。奇妙な特性と言えばそれまでだが、このおかげで日本は、第一回目の対唐敗戦で文化的発展の基礎を築き、第二回目の対米敗戦では経済的基盤を造り上げた。敗戦という最大の禍を転じて福と為した典型である。

ところが、これまた妙なところに自意識が強く、頑固さも十分に備えている民族であるから、滅多なことで自らの《負》の部分を認めようとはしない。退却を転進と言い、敗戦を終戦と呼び、占領軍を進駐軍と称したことなどは好例である。従って、対米敗戦の要因ともなったアジア各地での侵略行為についても素直に認めようとはせず、国会においてさえしばしば物議を醸し出し、中国や韓国・朝鮮など諸国から反発を受ける一方、敗戦という厳粛な事実にも目を覆い、蓋をする傾向すらなしとしない。

これは、しかし、格別に二十世紀の日本が独自に生み出した性癖ではない。第一回目の敗戦である対唐敗戦の事実が完全無欠なほど蔽い隠され、まるで中国からの文化・文明がごく自然に伝わったのか、あるいは友好親善的関係によってもたらされたか、さらには文化・文明なるものだけがひとり歩きして海を渡ってきたかのように把えられてきた点にも明らかで、これこそ日本固有の「伝統」と言ってよい。

対米敗戦から僅かに半世紀、戦争という傷痕は次第に風化し、あたかもアメリカとは外国にして外国に非ざるような感覚が蔓延しているから、千数百年前の対唐敗戦に至っては全くもってそのカケラも留めないのは当然かもしれないが、自由と民主主義をくれたのが東の戦勝国アメリカであったと同時に、われわれの先祖に文化・文明の基本を授けたのは西の戦勝国唐であった事実、しかも双方とも大敗戦という犠牲を払って得たものであることを忘れてはなるまい。

『日本書紀』は、二十世紀の保守政権と同じく、対唐敗戦とそれによって不可避的となった大唐からの強圧や干渉を押し隠し、日米ならぬ日唐両国の関係を対等なものとして叙述しているが、表面からはともかく文底にはそこかしこに当時の実情を散りばめていて、真実を模索する手掛かりを残している。これは旧倭国の存在を垣間見せた手法と同じく、編纂史官の卓越した力量と執念でもあろう。多少ともこの国の歴史に関心を寄せる者としては、二十世紀の対米敗戦とともに七世紀半ばにおける対唐敗戦は重要なテーマである。

ハテ、そんな大敗戦がもう一つあったのかいな——と思う人びとも少なくないだろうが、事実は事実である。六六三年の「白村江の戦い」というのを思い出していただこう。一九四五年の混乱と変動以上の激動が嵐のように吹き荒れた時代のあったことを、私はこれから書く。

吉留路樹

古代の敗戦国日本❖目次

目　次

倭国と大和（のちに日本と称する）とは、別個に存在したのである。これからの日本史は、倭国―日本という関係が別個に存在し、また併立していた時代もあったことを前提にしなければ、真実に迫る学問的追及《（ママ）》は覚束ないのではないだろうか。私のような、一介の貧乏作家が手探りで追いかけてさえ、この点は次第に浮かび上ってきたのである。

　本書を書き進めながら、『紀』の中にはもう一つ重大な隠しごとがあるのを私は発見した。これについては、また、稿を改めて書く。

（吉留路樹『倭国ここに在り』〔葦書房、一九九一年〕「あとがき」より）

古代の敗戦国日本

＊元原稿としたのは、遺稿として残されたワープロ入力分のプリントである。吉留氏はある頃からワープロで原稿を書かれていて、用字用語方針についての一貫性、細かい振り仮名の処理などを見る限り、かなり推敲もなされたものと推測される。執筆時期は一九九〇年代中頃と思われる。出版にあたり、振り仮名の追加、最低限の文章整理などを行った。頻出する『日本書紀』からの訓読文引用については、「日本古典文学大系」（岩波書店）版、岩波文庫版、「新訂増補 国史大系〈普及版〉」（吉川弘文館）版と対照したが、異同がある場合は、振り仮名を含めて元の原稿のままとした。

（花乱社編集部）

第一章　白村江前夜

女帝ラッシュの時代

六六三年夏、白村江《はくすきのえ》河口で倭・百済の連合軍が唐・新羅の同盟軍と戦い、一敗地に塗れた衝撃はその後の東アジアに大きな変動をもたらし、やがて新羅による朝鮮半島の統一、日本列島の大和王権の確立へと繋がり、その双方に中国からの文化・文明が奔流のように押し寄せることともなって、朝鮮も日本も陰に陽に唐朝の影響を受け、朝鮮は実に十九世紀末の清国に至るまで歴代王朝に事大の礼を余儀なくされ、日本もまた八九四年、菅原道真が遣唐使制を打ち切るまで敗戦の残滓を引きずる始末であった。

これは、あたかも一九四五年、第二次世界大戦で敗北を喫し、ミズーリ艦上の降伏調印とともに滔々たるアメリカナイズの嵐が日本と韓国に吹き捲った姿にも似て、戦争とくに敗戦という出来事が人びとの思考を変え、生活習慣にさえ変化を及ぼすという典型であった。ところがこれまで、アメリカによる二十世紀の激変は実感としてあっても、千数百年も前の対唐敗戦とそれに伴って政治・経済・文化の各面を覆った変動については、圧倒的大部分の人が無関心であった。

その理由は、わが国の正史とされる『日本書紀』以下の史書が、対唐戦を白村江の戦いという一局地の戦闘として扱い、「須臾之際《ときのま》に官軍《みいくさ》敗績《やぶ》れき」と、たった一行で片付けるなど、戦争そのものの真相を隠蔽し、その後に訪れた唐化政治の実体も完全に闇から闇に葬ったためである。

しかし、この戦いについて『旧唐書』劉仁軌伝では、唐軍が四戦して四勝、「煙焔天ニ漲リ、海水皆赤シ」と記し、朝鮮の『三国史記』百済本紀でも「ソノ船四百艙ヲ焚《や》キ、煙炎天ヲ灼《や》ク。海水タメニ丹《あか》シ」と述べたように、とにかくまあ大変な惨敗なのであった。

しかも、より重要なのは、戦後わが国内で起こった数々の政治的事件や変革の嵐について、天武以降の王朝がひた隠しに隠した大唐帝国の強圧である。『紀』はそのすべてについて表面上は何事もなかったかのように記述しているが、実は文脈のそこかしこに戦勝国唐の敗戦国に対した戦後政策の影を留めていて、一国敗戦の余殃《よおう》が長年にわたって尾を曳いた光景を炙《あぶ》り出す。

たとえば、天武天皇には高市・草壁・大津をはじめ数多くの皇子がいたが、その後皇位を継いだのは皇后鸕野《うの》（持統）であった。これは、まことに奇異である。しかも、その奇怪さは持統一代に限らず、男系の男子である皇位継承権者に不自由しない時代でありながら続々と女帝を誕生させ、「なにもの」かによるリモート・コントロールが行われた形跡が濃厚なのである。ちなみに大和天皇家は神話的神武以来百二十五代、そのうち女帝の数は僅か十名に過ぎないが、持統が即位した六八七年からの六十二年間だけに持統・元明・元正・孝謙・称徳の五帝が集中的に出現している。

何がこれほどまでの女帝ラッシュ時代を招いたのか？　そして、白村江の戦いとは何であったか、また、その敗戦後の変動とはどのように生じたのか――まず、未曽有の大軍を朝鮮半島に派遣した背景から探ってみよう。

唐と戦い、敗れたのは日本でなく倭国だった

倭国は昔から百済と緊密な関係を保っており、半島で新羅・高句麗と鼎立する百済の滅亡を座視できなかった、そこで六六〇年に羅唐同盟軍が扶余を陥し、義慈王らを捕えて唐都へ押送したのち、人質として来ていた義慈王の子豊璋を王に立て、百済再興のための軍を派したけれども果たせなかった、とこれまでの史学は教える。

弱者を扶け強者を挫く、如何にも日本人好みの浪花節的正義感にあふれた動機のようだが、当時の権力者はそれほど単純な頭の持ち主だっただろうか？　冗談ではない、中大兄皇子（天智）にせよ、そのブレーン中臣（藤原）鎌足にせよ、かつて権勢随一の蘇我入鹿を討って大化のクーデターを成功させた人物である。新羅はともかく、大唐帝国を相手に勝算があるなどと考えるはずはなかった。しかも、百済に対して、倭国の側がそうまでしなければならないという義理もないし、個人的つながりもないのである。とりわけ鎌足は、長子貞恵（定恵）を遣唐留学僧として長安に送っていて、対唐戦を企てなければならないような大義名分も、個人感情もあるわけがなかった。

にも拘らず、「日本」は無意味な戦争に大軍を送り、惨敗を喫するという結果を生じた。ここで日本にカギ括弧をつけたのは、『旧唐書』にせよ『三国史記』にせよ、白村江で戦った相手を倭国であるとしているからだ。

倭国イクォール日本と思っている人には、いささか理解しにくいかもしれないが、倭国と日本とは別々の国である。その理由については後述するが、ここではともかく別の国であると考えていただきたい。もっとも、日本という国号を最初に名乗ったのも倭国のようであるから、中大兄―鎌足の代表するのはま

だこの時点では「大和」と言うのが正確だろうけれども、話を分かり易くするために「日本」にしておく。対するに倭国とは、この頃まで連綿として続いた筑紫王権を意味する。

といっても、既に筑紫は大和に併呑されて、国内的にはその一藩屏であった。が、対外的には依然、列島を代表する形をとっており、それがまた完全吸収を企図する大和の側には癪《しゃく》の種でもあったので、実質的に対唐戦の指揮を執ったのは大和でありながら、表面上は倭国の出兵という形式を整えたのである。

これはしかも、中大兄や謀臣鎌足には計算ずみの戦略であったようだ。一九五〇年、所も同じ朝鮮半島を舞台に繰り展げられたアメリカと北朝鮮の戦い（朝鮮戦争）を振り返ってもらいたい。この戦争も実質的にはアメリカが総指揮を執り、主力部隊はアメリカの若者たちで編成されていたけれども、その名は「国連軍」である。そして、最も死傷者が多かったのは同族の韓国軍であった。

千数百年前の戦争は、大和の王権が計画して指揮を執り、大義名分を百済救援に求めたが、最前線で戦った主力は筑紫倭国の兵士であり、その総帥として海を渡らされた筑紫君《つくしのきみ》は哀れにも唐軍の捕虜となり、遙か長安に抑留された。従って、この戦争の名義人は倭国であって、敗れたのも倭国ということになり、代わって大和が列島の完全統一を果たして、否応なしに対唐一辺倒――というより、対唐従属の政権が出現するのである。

つまり、大和王朝の目指したのは、旧倭国勢力の絶滅とそれに伴う列島統一であって、決して百済王室の復興などではなかった。むしろ、昔から百済と縁の深かった筑紫に対して救援軍派遣を慫慂《しょうよう》乃至強制し、筑紫君自身の渡海まで強引に実現させる口実に、百済遺民から来た豊璋帰国の要請を利用したと言える。

逆説的に言えば、新羅は唐の力を頼って百済・高句麗を滅ぼし、半島の統一に歩を進めたが、大和もまた唐を利用して列島の統一を果たしたのであって、新羅も大和日本も必然的に唐朝による強圧を不可避とする道を選んだと言えよう。

龍に乗った怪人

『日本書紀』が完成したのは、元正女帝の養老四年（七二〇）である。勿論、白村江敗戦の後で唐化政策の真っ直中に当たる。従って、如何にも日唐間に友好親善関係が存続したかのような筆致で終始しているが、その友好親善たるや二十世紀の日米関係と同じく、最初は一方的に押しつけられたものであった。

　しかも、表面的に倭国を戦争名義人とした白村江の戦いではあるが、それをそのまま記述すれば万世一系の史観に傷がつき、大和天皇家以前の政権存在を認めることになる。そこで、百済派兵の実態は斉明―天智の「日本」が計画し、推進した政策であったことを初めて記したわけだが、そうするとまた百戦不敗の現人神《あらひとがみ》天皇に屈辱の足跡をとどめるので、「須臾之際《ときのま》に官軍敗績《みいくさやぶ》れき」と一行で片付け、この戦争を局地戦闘の扱いにしたのであった。

　もっとも、この戦争の張本人が誰であったかを唐側が知ったのは随分早い時期で、だからこそ天智の怪死、それに続く「壬申の乱」なども起こったのであるから、旧倭国の戦争責任論などもはや無用で、戦後五十七年を経て編纂された『紀』の〝告白〟は当然と言ってもよい。だが、しかし、筑紫からの大量出兵が大和に強制されたものであり、旧倭国の人びとからすれば実に不本意な、かつ不毛な戦争であったとの認識は拭い難く、『紀』の編纂に動員された（旧倭国の）史官たちには痛恨と怨念が交錯したのであろう。負けるべくして負け、当然の帰結として大唐の支配を受けるに至った真実を彼らは何としてでも書き残したいと思った。だから『紀』には、旧倭国の連綿たる事績とともに、白村江以後の唐による戦後政策が巧妙に織り込まれ、文脈の底に沈められたのである。

百済への派兵を決定し、行動を起こしたのは斉明天皇の六年だが、天智帝の実母であり、蘇我入鹿《そがのいるか》誅殺の後、皇位（皇極）を同母弟の孝徳天皇に譲ったこの女帝が重祚《ちょうそ》したのは六五五年、その元年五月条に『紀』は次のように記す。

庚午の朔の日、空《おおぞら》の中に龍に乗れる者あり。貌《かお》、唐人に似たり。青き油の笠を著け、葛城の嶺《たけ》より馳せて膽駒《いこま》の山に隠れ、午の時に及至《いた》りて、住吉《すみのえ》の松の嶺の上より、西に向いて馳せ去りき。

龍に乗る——龍座、龍顔、これすべて天皇を意味する。そして、その龍に乗った者の顔は唐人のようであったというのは、斉明のとき計画し実行した百済派兵が、やがて唐朝による干渉や強圧を招くとの予告である。彼女は七年（六六一）七月、派兵寸前の九州朝倉宮で急死するが、その葬列が博多の磐瀬宮に向かう際にも同じような現象が生じた、と『紀』の同年八月条は言う。

この夕、朝倉の山の上に鬼ありて、大笠を著け、喪の儀《よそおい》を臨み視《み》き。衆《ひとびと》皆嗟怪《あやし》む。

ここでは唐人が鬼になっている。これは元年条の唐人を受けるとともに、旧倭国の人びとの怨念を込めた記述にしたためである。後章で紹介するが、天智帝の怪死について記した『扶桑略記』は、この「斉明紀」の記述を下敷きにしたものの、斉明元年の話を六年のものに移し、青油笠の人物についても「時の人、蘇我豊浦大臣（蝦夷）の霊なりという」などとぼかしているけれども、蘇我入鹿ならともかく蝦夷がここに出てくる理由はない。入鹿にしても、出てくるなら天智か鎌足のところのはずである。やはり、青油大笠の怪人は唐あるいは唐人を暗示するのである。

日本国は倭国の別種なり

筑紫倭国と大和に興った「日本」が別々の国であったと私は先に記したが、それは『日本書紀』に数えきれないほど出てくる矛盾だけでなく、中国歴代の史書も証明するからである。これについては前著『倭国ここに在り』で述べたので重複を避けるが、主なものだけを取り出しておこう。

まず、ご存じ『魏志』倭人伝は、伊都国に一大率を置いて女王国以北を検察させると記すとともに、女王国の南には男王を戴く狗奴国があるとする。女王国より以北には狗邪韓国や対海国（対馬）・一支（壱岐）があり、末盧や伊都などもあるのだから明らかに九州である。伊都国に置かれた一大率が、大和の北方にある近江や越《こし》や尾張などを検察することは不可能で、当然、卑弥呼は大和とは別の国にいた女王だ。

次に『宋書』以下南朝代々の史書に現れる五王は、ナニナニ大将軍といった呼称を南朝から授けられたが、『紀』にはその記述が全くない。徳川時代の松下見林《けんりん》や新井白石をはじめ、昭和に入っても津田左右吉・井上光貞・上田正昭らの学者が大和歴代の天皇を五王に比定しようと試みたがいずれも無理、逆に大和とは別王朝の存在を疑わせるばかりであった。

『隋書』倭国伝は、タリシホコ王という実名を記し、皇后や太子まで登場させるとともに、この国に「阿蘇山有り」と記し、大業四年（六〇八）をもって「この後、遂に絶つ」と、交流の終焉を告げる。

そして、決定的なのは次の『旧唐書』である。ここには従来の史書が「倭国伝」としてきたものを、「倭国伝」と「日本伝」に分け、倭国は「古《いにしえ》の倭奴国なり」とする一方、日本については「倭国の別種也」と明言し、「その国、日辺に在るを以て、故に日本を以て名となす。あるいはいう、倭国みずからその名の雅ならざるをにくみ、改めて日本となす。あるいはいう、日本、旧小国《もと》、倭国の地を併せたり、と」などと書く。あるいはいう、あるいはいうとは、いずれも伝聞だということだが、倭国というのが昔の倭奴国であると明記される以上、それとは別の日本なるものは「倭国の地を併せたり」が真実である。「倭国みずからその名の雅ならざるを」云々というのは、明言部分と全く矛盾する。

では、いつの時代に倭国は大和日本に併合されたのか？　これについても前著で詳述したので結論だけ記すが、越前から近江を経て大和に入った男大迹王《おおどのおおきみ》が継体天皇となり、物部麁鹿火らの大軍を筑紫に差し向けた事件、いわゆる「磐井の反乱」と称されてきた戦争による。これは、西暦五三一年、辛亥の年だ。『紀』の「継体紀」は本文で継体崩御を五三一年とし、磐井戦争をその三年前五二八年とするが、注記では『百済本記』に、この年、「日本の天皇及び太子皇子倶に崩薨」とあるので五三一年に当て嵌めたと書く。しかし、次の安閑天皇の即位は五三四年（甲寅）であるから、二年も三年も天皇位が空白であるわけはない。しかも継体は死の当日、長子安閑を継承者に指名しているので、継体の死は確実に五三四年であり、『百済本記』が記す三年前辛亥年の「天皇及び太子皇子倶に崩薨……」とは倭国なる磐井大王の死である。そこで『日本書紀』の編者は、「後の勘校《かんがえ》む者ぞ知りなむ」と謎めいた一文を挿入し、後世の〝考える人〟に判断を託した。

だが、しかし、継体側が筑紫侵略で得た収穫は薄かった。磐井の子葛子《くずこ》が献上したのは、僅かに糟屋一郡である。当然、彼は倭国一円を支配し、「筑紫君《つくしのきみ》」を名乗った。そして、対外的には依然倭国の王として対応したのである。これは丁度、関ケ原合戦で勝った徳川家康が一挙に大坂城の豊臣秀頼を攻めることができず、二十年もの歳月をイライラしながら過ごした姿に似て、国内的には九州を併合しながらも対外的代表権を持ち得なかった状態である。

伝統ある倭国の勢力を大和の王権が目の上のたんこぶ視したであろうことは、想像に難くない。けれども、継体以来百三十年、大和側にはこれを一気に叩き潰すほどの力はなかった。下手に軍を催すと、畿内豪族の蜂起さえ誘発しかねない状態であった。言うところの大化の改新は、そうした脆弱な王権を強化し、大王（天皇）の支配権を確立するためのクーデターとも言えた。

蘇我入鹿の誅殺から十数年、中大兄とその謀臣中臣鎌足は、ようやく倭国完全統合の絶好機到来と判断した。それが、百済の滅亡に伴う遺民からの救援要請であった。

襲撃された斉明女帝

六六二年三月、斉明女帝を戴く一行は那の大津（博多）に着き、直ちに磐瀬宮に入る。ここを百済派遣軍の進発基地として、中大兄皇太子が総指揮を執る段取りだ。ただし、これだけのことなら、格別に老齢の母皇を九州くんだりまで担ぎ出さなくてもよさそうなものだ。現実に斉明女帝が軍略に優れていたわけでもなければ、鎧兜に身を固めていたのでもない。大化のクーデターを成功させ、前帝（孝徳）を難波に置き去りにして以来、皇権を実質的に把握していた中大兄にしてみれば、一つ一つを女帝に伺う必要などなかったと言ってよい。にも拘らず、彼は老女帝に西下を求めた。しかも、九州入りした直後の五月、博多湾から遙か奥地の朝倉に母皇を移している。これでは、何のため遠路の旅を要請したのか分からない。

斉明の遷座した所は朝倉橘の広庭宮という。

「このとき、朝倉の社の木を剪《き》り除《はら》いて、この宮を作りき。故に神忿《いか》りて殿を壊せり。また、宮中に鬼火見《あらわ》れき。これによりて、大舎人《おおとねり》及び諸《もろもろ》の近侍《さむらいびと》、病み死ぬ者衆《おお》かりき」

『日本書紀』はこのように記す。つまり、広庭宮の工事に朝倉神社の木を伐って用材に充てたため、神さまが怒って建物を破壊したばかりか、宮中に鬼火が現れ、侍従長以下警護の侍たちが多数死んだというのである。前記の『扶桑略記』は、ここでもまたこの現象を「豊浦大臣の霊」のせいにしているが、いやしくも天皇の住居が壊されて燃え上がり、将兵多数が死んだというのは病死などではない、はっきりした戦争の風景である。十二世紀の比叡僧皇円は、どういうわけか蘇我蝦夷を悪者に仕立て上げたかったらしいが、これは朝倉宮を何者かが襲撃し、宮殿を焼き、大和の将兵多数を殺傷したということだ。斉明女帝もこのとき落命したか、あるいは重傷を負ったのである。

一体全体、これは如何なることであろう?

朝倉とは、もともと朝闇と書き、神社は現在も「朝闇神社」と言うが、これまた前著(『倭国ここに在り』葦書房、一九九一年)で詳述した通り筑紫倭国ゆかりの地である。そこに女帝を移したというのは、すなわち筑紫君の百済出陣と引き換えに母皇を人質に供したのではないか。中大兄(天智)は稀にみる英主であると同時に、非情さえ敢えてする独裁者でもあった。これはしかし、天下統一のためには母親大政所を徳川氏の人質として差し出した秀吉や、前田利常の例もあるように、格別不思議ではない。むしろ、それだけの決断を必要とする事態が横たわっていたのである。

が、旧倭国の人々にすれば、なんとしてでも筑紫君の渡海を阻みたかった。輝ける倭国の歴史を担う嫡流の主に戦場へ行け、とは何事ぞというわけである。だから、一部の勢力が蜂起した。広庭宮を襲ったのだ。私はこのように考える。けれども、大和の方針は固く、この暴発が逆に筑紫君の渡海を不可避なものとした。多分、中大兄や鎌足は、尊い犠牲に泣きつつも、片方ではシメタと思ったに違いない。

かくて、筑紫《つくし》君《の》薩夜馬《さちやま》は第一線へと出撃した。『紀』は、このあたりの事情を完全無欠なほど隠したかったのだが、幸か不幸か彼は捕虜となり、天智十年(六七一)十一月、唐船で送還されてきたため、その名を『紀』の中にとどめることとなる。

戦後、実に八年目である。この間に筑紫は大和日本に全面併合され、彼の本拠・太宰府さえ点なしの「大宰府」と呼ばれる一地方庁になり下がっていて、彼自身、その後の消息は一切不明のまま抹殺されてしまうのである。『旧唐書』が倭国と日本とを区分し、「日本、旧小国、倭国の地を併せたり」と記したのは、まさにこの時期を指すのであって、正確としなければならない。

魏代より隋・唐期の方に信憑性がある

『紀』の作為を暴くのは、『紀』そのものと中国歴代の書である。

私はかねがね思うのだが、昭和四十年頃からのいわゆる古代史ブームとやらは、主として『魏志』に登場する卑弥呼の邪馬壹国《やめいっこく》を中心に論議されていて、陸行何里とか水行何日とかの距離測定にまでこの書の記述を重く見ているきらいがあるけれども、それならばなぜ、『魏志』よりはるかに新しく、しかも頻繁に交流のあった隋・唐以降の史書を重要視しないのか、と疑問に感じている。

とくに『唐書』は、「旧」で倭国と日本を区分し、「新」から日本伝一本にまとめて列島の統一を示すとともに、初めて大和朝廷の主張する皇統をそのまま認め、天御中主以降三十二世は「筑紫」におり、神武から天皇を号して大和に移ったとする。そして、歴代の名を連ね、平安期の光孝天皇までを克明に紹介している。

すべて遣唐使の言上に従って記したのであるが、この『新唐書』以降の中国各書が倭国から日本国への国号変更について、「その旧名を悪《にく》み……」と説明し、「日本は昔の倭奴国」とまで書いているのは、逆に言うなら大和日本自体が旧倭国の歴史を継ぎ足したことを裏付ける。どこをどう繋いだかというと、隋代の多利思北孤《タリシホコ》を用明天皇に仕立て上げ、この年初めて中国と通じたとした。

しかし、倭国王タリシホコが隋に使者を派したのは文帝の開皇二十年（六〇〇）で、大和では既に推古の代に入っている。用明とは、五八六年に即位し、翌年四月には崩御している天皇であるから、遣隋使など出したくても出せない。

これは、『隋書』にタリシホコ遣使の記事が載っており、その後煬帝の大業三年（六〇七）にもタリシホコの使臣は隋都を訪れているから、この事実を大和のものにしないと辻褄が合わない。しかし、タリシホコが男王であることも確認されているので、推古女帝の時代にするわけにはいかず、年代が接近している男の天皇用明をタリシホコに擦り替えたのだ。

このように、大和が旧倭国の歴史を上の方に継ぎ足し、倭奴国以来の倭国が即日本となったかのような偽装をこらしたのは、『隋書』と新旧『唐書』によっても証明されるし、本家本元の『日本書紀』からも窺えるのだが、『魏志』倭人伝に頼って倭国を探すのには熱心なくせに、これら各書には殆ど目を向けなかったのが従来の古代史研究であったようだ。『新唐書』の時代に入って、日本からの使者たちが懸命に皇統の万世一系を説いた結果、それ以降の史書には矛盾した形でもそれらしき体裁を盛り込め得たが、如何にせん、『旧唐書』以前の史書を書き直すわけにはいかなかった。消しゴムで消すこともできなかったのである。

倭国と日本の交替

神武・綏靖《すいぜい》・安寧・懿徳《いとく》・孝昭・孝安——と続く歴代天皇の系譜は、戦前に義務教育を受けた人なら小学校の五年生になった途端、否応なしに暗記させられた記憶があるだろう。

この皇統が、中国の各史書において『新唐書』から出現したことの意味は大きい。なぜならば、卑弥呼や壹與《いよ》や多利思北孤《たりしほこ》など何人かの倭国王（あるいは女王）はそれ以前にも登場し、隋・唐の遣使とも接見した事実があるが、右の神武以下については天皇のテの字も現れていないからだ。

これは要するに、白村江の敗戦によって大和政権念願の列島統一が成り、文武天皇の大宝三年（七〇三）、粟田真人らの遣唐使が唐都に入って唐側から正式な「認知」を受け、その後また『日本書紀』が完成した後に訪れた使臣団によって、初めて天皇家の系譜がもたらされたということである。勿論、我が国初の史書である『紀』は漢字で書かれ、漢文で綴られていたし、時代は唐一辺倒のピーク時でもあったから、何巻かの『紀』は唐朝に献上されたであろう。

その時期は、唐の六代帝玄宗（在位七一三～四一）の頃である。『旧唐書』は、文武の派遣した粟田真人ら以後の遣唐使について克明に記入し、仁明の承和六年（八三九）まで扱った後『新唐書』へ移るのだが、この間使臣を派遣した天皇の名は一切記してない。これは、「倭国伝」と併立させた「日本伝」である以上、当然の措置と言える。

従って、大和系天皇の家譜を遣唐使たちの主張する通りに記載したのは『新唐書』からで、このときは既に倭国が消滅しているのだから問題はない。すなわち、「倭国の地を併す」の完成時であった。

しかし、神武以来の皇統を記載したからといって、唐側の史官がその万世一系論を認めたわけではない。『新唐書』は歴代天皇名を連記しながらも、隋の開皇年間に来た使臣団は多利思北孤の派遣したものだとし、先述したようにこれを該当しない用明に当て、その用明期に派遣した使臣団を「初めて中国と通じた」と書いた。

以上によって、列島を代表するのが倭国から日本へと交替した時期はハッキリするが、同時に中国歴代の史書は列島からやって来る使臣らの言い分を聞きつつ、しかも倭国イクォール日本ではないことを裏付ける。大和王権による日本統一は、やはり白村江敗戦によって実現したのである。

不毛なる戦いの目的

大和朝が列島を名実ともに統一しようと腐心している頃、唐朝は朝鮮半島の征服に力を注いでいた。これは隋の煬帝による高句麗遠征を引き継いだ形のもので、唐朝は太宗が一回、高宗が二回兵を出したが、高句麗は頑強に抵抗し、はかばかしい戦果を収めることはできなかった。

こうした状況を衝いて、新羅に攻め込んだのが百済の義慈王である。百済軍は、たちまちのうちに新羅の七城を奪い、一挙に新羅併呑の構えをみせた。そこで新羅はのちに武烈王となる金春秋を唐都に送り、唐朝に衷情を訴えた。これが六四八年のことである。事実上、唐と新羅の宗属関係はここに誕生した。このため百済は、奪った七城を新羅に返してしまう。

高句麗攻めに手を焼いた唐は、まず新羅の求めに応じる形で百済を攻略し、南北から高句麗を挟撃する戦略をとる。倭国の使臣団と大和の遣唐使が唐の副都洛陽で争い、双方とも、「来年、必ず海東に政あらん。汝等倭の客、東に帰ることを得ざれ」と隔離軟禁されたのは六五九年、翌年七月には蘇定方の指揮する大軍が山東半島から出撃、百済の王都扶余を陥し、降伏した義慈王・太子隆など王族や顕臣は長安に送られた。

蘇定方軍は反転して北上し、新羅軍も高句麗戦線に駆り立てられた。すると、待っていましたとばかり、百済の遺民が蜂起する。王族の一人鬼室福信は任存城に籠り、僧道琛が扶余の唐将劉仁願を包囲するなど、百済の西北部を中心に祖国再建の火の手を挙げた。そして、たまたま日本に来ていた義慈王の王子豊璋の帰国を求め、百済王室の復興を期したのである。

我が斉明朝はこれに応えた。七月扶余陥落、九月五日その第一報が到着、十月には鬼室福信から余豊（璋）に対する帰国要請が届き、併せて救援軍の急派を求めてくると、ただちにその軍勢派遣の朝議決定を行い、翌斉明七年（六六一）正月、女帝を戴く軍船は西に下った。

ここまではまことに迅速である。ところが、その後は奇妙なほど緩慢な動きとなる。出兵まで実に一年数カ月、本格的軍団の渡海までにはなんと二年以上も要したのだ。兵は拙速を尊ぶというが、日本からの救援軍はまるで唐本土からの大軍が来るまで遠慮（?）していたかのように、モタモタして時間を空費したのである。

ここにも、筑紫君出陣をめぐる強制と反対、また旧倭国の若者たちの動員と反発など、戦闘体制を整えるまでに紆余曲折があったであろうことが見え隠れする。朝倉広庭宮の襲撃、斉明帝の急死などはこの間に生じた。しかも、こうした鈍い戦争準備は、中大兄―鎌足ラインの本意が百済救援ではなく、実は筑紫の完全併合にあったことをも裏づけよう。

おかげで唐・羅同盟軍は、一時高句麗戦線を凍結させ、大挙して南下することができるとともに、唐本国の精鋭を送り込むに十分な時間を稼ぎ得た。かくて白村江の戦いは、戦うより前に敗北する運命にあったと言ってよい。

それでなくとも、百済遺民の戦いはゲリラに毛が生えた程度で、百済全盛時の戦力とは比較にならず、西北の突厥族や高句麗を相手にしてきた百戦錬磨の唐軍には抗すべくもない。中大兄や鎌足は過去数次にわたった遣唐使を通じて、こうした大唐帝国の力は知り過ぎるほど知っていた。この点は、竹槍で原爆と戦わせた二十世紀の権力者とはいささか異なるはずだ。にも拘らず、五万前後の大軍を敢えて送った。日本本土を唐・羅同盟軍が襲うというのではないのに、である。

英主天智、謀臣鎌足が、なぜこのような無謀を強行したか――それは一にも二にも、筑紫君を戦場に追いやり、旧倭国の残存勢力を根絶するため以外にない。逆に言うなら、母皇を犠牲に供してまで列島の完全統一を成し遂げなければならないという、執念にも似た覇王の意識が白村江の流れを朱に染めたと言える。

余談になるが、私が小学校から中学に入る頃まで育ったのは今の韓国群山市、白馬江から錦江となる濁々たる水が黄海に注ぐ河口の街である。錦江、つまり往古の白村江だ。私は韓国を訪れるたびにこの街に行き、千数百年もの昔にみづく屍《かばね》となった若者たちを憶う。若者、すなわち私たちにとっての遠祖である。

濁流は何も語らないが、しかし、その底に眠る人びとの叫びは時間・空間の壁を超えて胸にひびく。「煙焔天ニ漲リ、海水皆赤シ」の光景は既に幻ではあろうが、私には見える。一時期、家が対岸に引っ越したので、私は毎日この大河を渡船通学したことがある。少年の日、私はそれを知らなかったが、彼らの死屍の上を私は朝夕往復していたのであった。感慨、なしとしない。

第二章　海水赤し倭軍潰滅

初めから戦意がなかった派兵

百済の滅亡から丸一年を経た六六一年八月、中大兄皇太子はようやく一部の兵員を百済に派遣した。前軍の将が阿曇比邏夫《あづみのひらふ》・河辺百枝《かわべのももえ》、後軍は阿倍引田比邏夫《あべのひけたひらふ》・物部熊《もののべのくま》・守大石《もりのおおいし》らを将とする一団である。

そして九月、帰国する百済の王子豊璋《ほうしょう》（余豊）に織冠を授け、多蔣敷《おおのこもしき》の妹を娶らせ、狭井檳榔《さゐのあじまさ》・秦田来津《はたのたくつ》らに五千の軍兵を副えて送らせたと、『紀』は言う。しかし、これら二度にわたる派兵の記事はどうも怪しい。なぜならば、翌天智称制元年（六六二）五月、「大将軍大錦中阿曇比邏夫の連《むらじ》等、船師《ふないくさ》一百七十艘を率い、豊璋等を百済国に送り、宣勅《みことのり》して豊璋を以てその位を継がしむ。また金《くがね》の策《ふみた》（札のこと）を福信に予《たま》い、その背を撫で、褒めて爵禄《かづけもの》を賜う。時に豊璋等と、福信と稽首《おろが》みて勅を受け、衆《もろびと》為に涕流き《なみだながし》」とあって、豊璋の帰国をなお一年後にしているほか、前年百済に行ったはずの阿曇比邏夫がここでまた豊璋を送る役目を帯びているからだ。これは、豊璋の帰国を願った百済の王族鬼室福信が出迎えに来た、という六六二年五月の方が正しいであろう。忠臣福信の背中を撫でたのは、多分、中大兄その人であろうから、こちらの方に信憑性がある。そして、百七十隻の大船団だ。

しかし、百済の滅亡から既に二年もの歳月が流れている。大和側の西下からでさえ、一年四か月が経過しているのである。しかも、まだ本格的救援軍は出発していなかった。この時期、唐・羅同盟軍の主力は高句麗戦線に釘付けされていたのに、である。

そうこうしているうちに、また年が改まった。六六三年、白村江決戦の年である。この年三月になって、初めて中大兄は主力戦闘部隊を繰り出した。前軍が上毛野稚子《かみつけのわくご》・間人大蓋《まひとのおおかさ》、中軍は巨勢神前訳語《こせのかむさきおさ》・三輪麻《みわのま》呂《ろ》、後軍に阿倍引田比邏夫・大宅鎌柄《おおやのかまつか》を各将軍として配し、二万七千からなる大軍団を差し向けたのだ。おそらく、この前・中・後三軍の名目的総司令官に筑紫君薩夜麻を担ぎ上げたのであろう。

古来、大和天皇家の武力を代表するのは、大伴・物部両氏とされてきた。ところが、これだけの大軍を編成し、西の大国を相手に戦うというのに、めぼしい将軍といえば阿倍比邏夫ぐらいのもので、大伴・物部両軍団の姿は全くない。これはどういうわけであろうか？　しかも、最終的に派遣された万余の水軍を率いたのは、廬原君臣《いおはらのきみおみ》という後にも先にもここにしか出てこない無名の人物である。おまけに、彼の水軍が白村江河口に到着したのは、唐の遠征水軍よりなお遅く、唐軍が河岸に布陣し終わった後なのである。

それ以前、百済遺臣の間に内紛を生じ、鬼室福信が傑僧道琛《どうちん》を殺すという事件があったが、決戦寸前の六月には豊璋王がその福信を斬り、自ら墓穴を掘るような事態を惹起し、頼るは廬原某の水軍だけというありさまに陥っており、緩慢な日本側の対応とともに倭・済連合軍の劣勢は覆うべくもなかった。

唐本国から派遣された孫仁師・劉仁願らは陸兵に豊璋の本拠州柔《つぬ》の城を包囲させる一方、劉仁軌の水軍百七十艘をして白村江両岸に待機させ、日本船団の到着に備えていたが、そこへ突入したのはまさに翔んで火に入る夏の虫である。四戦して四捷と『旧唐書』が記載した通り、我が方はたちまち四百隻の船を炎上させてしまった。これぞ、「須臾之際《ときのま》に官軍敗績《みいくさやぶ》れき」だ。後年、我が平安朝では、『紀』のこの部分を読むことをタブーにしたと伝えるほどである。

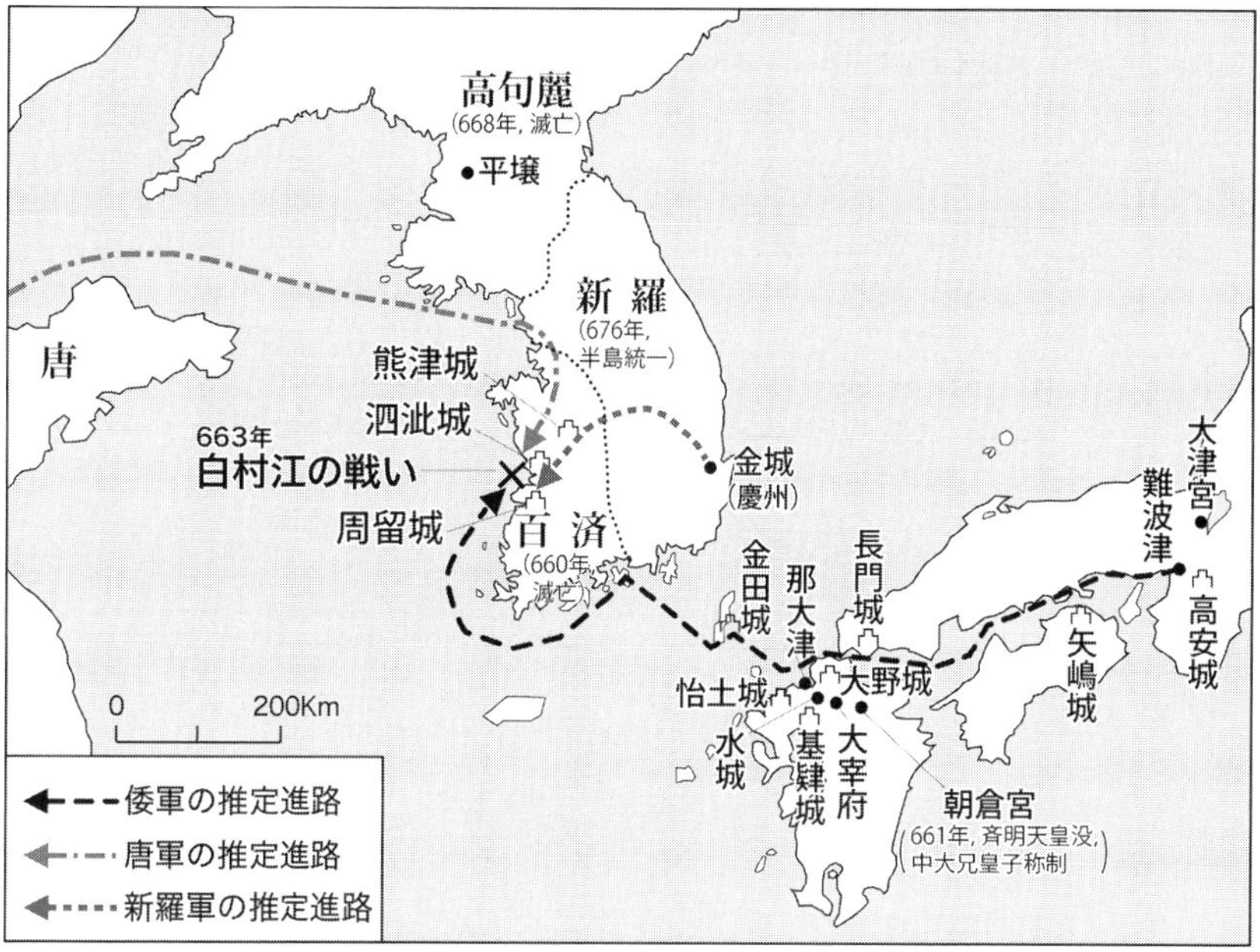

白村江の戦い関連地図（東京書籍『図説 日本史』掲載図を参照）

これに対し、唐側は早くも戦後措置を考慮に入れて行動していた。それは、百済平定軍の中に先年捕虜となった義慈王の太子隆を加えており、現実に百済遺民を討つ戦闘の指揮を執らせ、戦いが終わると同時に熊津都督（百済地区の長）を命じたことにも示される。とにかくまあ、自信たっぷりの作戦であったと言える。

これに対し、三月に前・中・後の三軍で海を渡ったわが陸軍二万七千の大部隊はどこへ行ったか、六月に前軍の上毛野稚子らが新羅の沙鼻《さひ》岐《き》・奴江《ぬこう》の二城を奪ったとあるだけで、後は行方不明である。

一部の軍団は、たしかに州柔城陥落まで戦ったであろうが、その他は多島海にほど近い今の全羅南道宝城・同長城辺りにへばりつき、敗戦の報とともに弖礼《てれ》から日本に向けて遁走している。弖礼も、全羅南道宝城郡に位置するという。

これらは、大和の兵力であったのだろう。仮に筑紫の部隊であったならば、筑紫君薩夜馬を見捨てて逃げることなどあり得ない。筑紫君とその親衛隊は、おそらく州柔に孤立したと思われる。後年、『紀』に現れる長安からの帰国者（俘虜）の殆どが筑紫・肥後辺りの出身者であることからも、この点は裏付けられる。

それにしても、斉明崩御の年（六六一）八月に前後二軍、九月に五千、翌天智称制元年五月に阿曇比邏夫らの水軍百七十艘、二年（六六三）三月に陸兵二万七千、八月に廬原某の率いる万余の将兵を派遣したというのは、少なく見ても計五万に達する大軍の動員である。これは当時の人口比率からすると、二十世紀の陸海軍二百万の動員に匹敵しよう。

そして、大敗した。それでも、その後の内外政治に影響がなかったとするのは、土台、無理な強弁である。『日本書紀』は惨敗を喫した天智王朝の前途について、さりげない筆致であるが、「星あり、京《みやこ》の北に殞《お》つ。この春、地震《なゐふり》き」と記す。

占領軍司令官郭務悰の登場

果たして、戦後八か月後の天智称制三年（六六四）五月、「百済の鎮将劉仁願、朝散大夫郭務悰等を遣して、表《ふみ》の函《はこ》と献物とを進《たてまつ》き」となる。といっても別段、戦勝国から敗戦国に単なる手紙と土産を持ってくるわけはない。戦争責任の追及と戦後処理を目的とした来日である。このことは、次第に明らかになっていくが、不思議なことに十月まで郭務悰らが何をしていたか、『紀』は一切記さない。十月一日になってようやく、「この日、中臣の内臣（鎌足）に勅し、沙門智祥《ちしょう》を遣して、物を郭務悰に賜わしめき。戊寅の日（四日）、郭務悰等に饗《あえ》賜う」と、一応の交渉が終わったことを示す。多分、朝廷は百済派兵についての弁解や弁明に努め、対唐戦争の責任は旧倭国の側にあると力説したに違いない。

しかし、唐側は百済の遺民や捕虜となった倭の人びとから的確な情報を入手していたので、大量派兵の号令は「日本」が出したという事実を知っており、その責任は天智朝にあるとの態度を固めていたと思われる。その証拠に、郭務悰は同年十二月に一旦離日するけれども、間もなく今度は唐本国からの使臣と同行し、多くの軍兵を率いて来日する。

この間に天智朝は、大急ぎで対馬・壱岐・筑紫の防衛を固め、長門にも城を築く。同時に、太宰府（大宰府）を囲む大野・椽《き》（基肄）両城や水城《みずき》を整備した。一見、いずれも対唐防衛のために見えるが、必ずしもそうではない。対馬や壱岐や長門はそうであっても、大野や基肄は旧太宰府に拠る倭国の残存勢力に向けた威嚇である。この時期、筑紫君は唐土に抑留中ではあっても、生存が確認されていたのだ。

天智四年（六六五）九月、「庚午の朔にして壬辰の日（二十三日）、唐国、朝散大夫沂州の司馬上柱国劉徳高等を遣わしき。等とは、右戎衛郎将上柱国、百済将軍朝散大夫上柱国郭務悰を謂う。すべて二百五十四人なり。七月二十八日対馬に至り、九月二十日筑紫に至り、二十二日表函を進《たてまつり》き」と、『紀』は記す。

唐朝が本国から使臣を派遣したということは、前年行われた郭務悰との交渉を煮詰めるためのものである。一行は途中、対馬や壱岐で、また筑紫に入ってからも天智朝が俄《にわか》造りの築城で兵備を固めたのを見たであろう。従って、劉徳高・郭務悰らの印象が良かったわけはない。劉は、我が国内の状況を心憎いまで知悉していたらしく、このとき長安にいた鎌足の長子貞恵を同行しているが、結論的には対日強硬策を取る方針を採用した。

六六三年　八月　白村江の戦い　　九月　州柔城陥落
六六四年　五月　郭務悰来日
六六五年　九月　劉徳高・郭務悰来日　この年、守大石《もりのおおいわ》・坂合部石積《さかいべのいわつみ》らを唐に派遣

六六七年十一月　熊津都督府熊山県令司馬法聡来日　坂合部石積ら帰国
六六九年月不詳　郭務悰一行二千余人来日　この年河内鯨ら唐に出発（帰国せず）
六七一年　正月　李守真ら来日
同　年十一月　郭務悰ら二千人、四十七隻に分乗して来日

『日本書紀』は右のように頻繁な唐使の往来を記すが、唐本国から劉徳高が来て以後の動きは尋常でない。まず、天智称制四年（六六五）九月二十日、筑紫に上陸した劉徳高一行は、十二月まで滞在して帰って行ったが、この間に天智は菟道《うじ》で閲兵式を挙行しているから、これを参観したのであろう。大唐帝国の使臣を前に我が武威のデモンストレーションを試みたところで、どうなるものでもないのに天智はこれを強行した。しかし、同時に危惧も覚えたのか、慌てて守大石らを唐本国に向けて出発させている。

ところが翌々年、百済鎮将劉仁願は、「熊津都督府熊山の県令上柱国司馬法聡等を遣し、大山下境部連石積（坂合部石積）等を筑紫の都督府に送らしめき」とあって、その司馬法聡は乙丑（九日）に来て己巳（十三日）には百済に戻っている。このとき、司馬法聡をまた送って行ったのは伊吉博徳《いきのはかとこ》と笠諸石《かさのもろいし》だ。

ここで注目しなければならないのは、前々年の遣唐使中、首席で行った守大石が帰ってこなかった点で、同じくその後に派遣されて帰国しなかった河内鯨と並んで、唐側が彼らを抑留したのではないかとの疑いが残る。それと、熊津都督府とは百済の熊津に置かれた唐の役所名だが、「筑紫都督府」とは何処のことであろうか？　従来の解釈では、この筑紫都督府を「九州にある大宰府」としているが、いやしくも『日本書紀』が記録する以上、大宰府なら大宰府と書くはずであって、唐の出先機関である熊津都督府を受けて記した筑紫の都督府とは、これまた唐の出先である都督府という意味にほかならない。従って、この「筑紫の都督府」なるものは、場所こそ旧太宰府（大宰府）ではあろうが、実は唐の将軍が常駐していた一種

の占領軍司令部（ＧＨＱ）と考えねばなるまい。

それはしかも、白村江への出兵が旧倭国の責任で行われたとする大和側の弁明に従ってここに置かれたもので、のちにその真相の皮が剥げるにつれて唐の権力も一部は大和に移るのである。私の見るところ、天智末期以降には軍事が大宰府、政治機関は大和近く（たとえば難波の鴻臚館）に設けられたように思える。

そこで、百済鎮将劉仁願の派遣した郭務悰なる将軍が、慌ただしく玄界灘を行き来したことは見逃せない。六六九年、彼は二千余の軍兵を率いてきたが、その二年後の十一月にまた二千人という多数を引き連れてきた。従来の解釈では『紀』の重複なのだろうということで片付けているが、そうではない。重複説を唱える理由としては、初めの六六九年には何の異変も生じなかった、つまり平穏無事な状況であったのに、次回の六七一年のときには、対馬の国司が大宰府に使いを走らせて、「月生二日《つきたちてふつかのひ》、沙門道久《どうく》・筑紫君薩野馬《さちやま》・韓島勝娑婆《からしまのすぐりさば》・布師首磐《ぬのしのおびといわ》の四人、唐より来りて曰く、『唐国の使人郭務悰等六百人、送使沙宅《さた》孫登《そにとう》等一千四百人、総《す》べて二千人、船四十七隻に乗りて、倶《とも》に比智島に泊す。相謂《かた》らいて曰く、今、吾輩《われら》人船数衆《おお》し、忽然、彼《かしこ》に到れば、おそらくはかの防人、驚駭《おどろき》て射戦わむ。すなわち道久等を遣し、あらかじめ稍《ようやく》に来朝の意を披《ひら》き陳《の》べむ』とまうす」と、まるで大騒ぎになったように書いてあり、それならば前回にも同様な事態が生じたはずだが、何もなかった、だからこれは重複であるとする。

が、この説は一種の皇国史観、すなわち倭国イクォール日本（大和）という〝信仰〟の上に立ったもので、郭務悰は六六九年にも六七一年にも軍兵を率いてきたと見る方が正しい。なぜならば、六六九年の来日は平穏無事であっただろうが、六七一年のそれは郭務悰一行だけでなく、長年唐都長安に抑留されていた筑紫君薩野馬の帰国という旧倭国の人びとにとっては、まさに待ちあぐねた瞬間を迎えたからである。大和に完全併合された倭国を再興する、王権を復活させる、そうした一縷の望みを人びとが繋いだとしても不思議ではない。船が博多に接岸したとき、筑紫君を奪還しようとする側と抹殺しようと考える側が存在するなら、これはまさしく「射戦わむ」の状態となるだろう。僧道久を先行させ、地元民を説得してから、大船団を入港させたことを暗に示した『紀』のこのくだりに重複はない。一九四五年の対米敗戦に際し、さすがのアメリカ軍でさえ昭和天皇に指一本触れさせなかった事実を思えばよい。もしもあのとき、アメリカが天皇を逮捕したり、裁判にかけるなどしたなら、どのような事態を招いたであろうか。

大宰府は唐の都督府だった

郭務悰が筑紫君薩野馬らを乗せた船とともに来日したのは天智十年（六七一）十一月、それから一か月もしない十二月三日には天智帝の崩御となる。『紀』は、天皇の死を九月発病、十二月崩御とするが、後世の『扶桑略記』は怪死説をとる。

一に云う、天皇、馬に駕し、山階（科）の郷に幸す。更に還御なし、永く山林に交りて崩ぜし所を知らず。

これは、山科行幸の天智帝が山中に行かれたまま姿を消してしまわれた――従って、崩御の場所は分からないということだ。この点は、さらに後世の新井白石も『天智崩』という文の中で、「ただ、履沓《くつ》の落つる処を以て其の山陵と為す」と注を入れている。つまり、履物だけが現場に残っていたというのである。天智謀殺、といっても、私は右の『扶桑略記』を鵜呑みにするわけではない。むしろ、『日本書紀』そのものからその匂いを嗅ぎとるのである。まず、天智七年（六六八）七月条を見よう。ここには高句麗から使いが来たとか、栗前王《くりくまのきみ》を筑紫の率に命じたとか、越の国から石炭や石油が届いたとか、あるいは宴会を頻繁に催したとかの記事があって、最後に取って付けたように「時の人の曰く、天皇の天命、まさに及《おわり》なむとするか」と書いている。この年十月、唐は高句麗を滅ぼし、東方経略に一つの区切りをつけた。

唐朝は、先に百済を平定した際、降伏した百済の太子余隆を故地熊津の都尉（のちには都督）に任じたが、高句麗でも全土四十二州に九つの都督を置き、それを統括する安東都護府《あんとうとごふ》を平壌に設置した。典型的間接統治である。

『紀』の文中に、熊津の都督府に対置する形で「筑紫の都督府」なる用語が登場したのは六六七年であった。天智七年とは、実にこの翌年である。そして、このとき『紀』は、栗前王《くりくまのきみ》を「筑紫の率」に任命したとするが、これは果たして我が朝廷の任命であったのだろうか？　奇妙なことにこの栗前王は、翌天智八年（六六九）正月、任期わずかに半年で解任され、蘇我赤兄《そがのあかえ》と更迭されている。しかもなお奇妙なことに、天智崩御の半年前にはまた栗前王が「筑紫の帥《かみ》」として再任命されていて、筑紫君らの帰国に際しての事態処理にはこの人物が当たったのである。

こうした一連の動きは何を意味するか——百済には鎮将劉仁願がいて、余隆が別に都督となっていた。新羅の国王にも中国側では、鶏林州都督府の都督としてしか扱ってない。そこで当然、敗戦国日本にも都督府を置き、その長に皇統の王族栗前王が任命されたのだが、朝廷はこれを嫌い、蘇我赤兄と入れ替えたものの、唐側の反発によって再度栗前の登場となったのである。栗前は栗隅とも書き、敏達天皇の子難波王の子というから血統的には唐流の都督にピッタリの人物である。

百済の鎮将劉仁願は、日本の鎮将として郭務悰を送り込んだ。これは二十世紀のアメリカ軍総司令官マッカーサーが、第八軍司令官としてのリッジウェイを韓国に置いたのを逆にした形と考えたらよろしい。郭務悰が百済と筑紫の間を頻繁に往来したのは、このためである。

初め唐側は、百済や高句麗のように日本にも倭国のしかるべき人物を据えようと考えていたかもしれない。けれども敗戦の責任が倭国ではなく、別種である大和日本の中大兄とその政権こそ張本人と分かったため、大和系の王族を指定した。唐の認識と相違して、列島の支配権はとうの昔に大和へ移っていたのだ。

ここにおいて、郭務悰を中心とする唐側は、大唐帝国に矢を向けた天智の朝廷を排し、唐に従属する王権と取り替えねばならぬと考えた。はっきり言えば、リモコンのきく傀儡政権の樹立である。

先に掲げた白村江の戦い以後に現れた彼我往来の一端を見ていただこう。天智十年、つまり天皇が崩御した年の正月、「辛亥の日（十三日）、百済鎮将劉仁願、李守真等を遣して表上《ふれたてまつ》す」と『紀』が記すところの李守真来日である。これまで来日した連中には、皆それぞれの肩書が付いているが、この李だけは何者であったか全く不明だ。李は、栗前王が筑紫の帥に再任された直後の七月十一日まで、長期間滞在して帰任しているが、その使命も全く分からない。ただ、彼が百済へ引き揚げて三か月後に郭務悰の率いる四十七隻、二千余人が筑紫君の帰還とともに来日し、その翌月には天智帝が怪死を遂げたという事実だけは残った。

しかも、このときの来日には不審な点が多い。「唐国の使人郭務悰等六百人」に対し、「送使沙宅孫登等一千四百人」とは一体全体どういうことか。主務者より送ってきた連中の方が倍以上も多いのだ。これは要するに、全国――といっても、要所要所だが、唐側がばら撒いた形で配置した謀略工作の要員と言ってよい。前記の李守真なる男は、そのＣＩＡの親分格であったのだろう。

こうして、マッカーサーならぬ郭務悰将軍は、大宰府のＧＨＱに腰を据えた。

一兵卒に詔勅と破格の恩賞

筑紫君薩野馬（薩夜麻）のその後は、六七一年末に帰国したきり杳《よう》として分からない。完全に抹殺されたのである。しかし、その名前だけはもう一度『紀』に登場し、間接的ながら身分を明らかにする。それは、しかも、白村江の戦いから実に二十七年後の持統四年（六九〇）九月、筑紫の一兵士が唐国から奇跡的生還を遂げたことによって証明される。

丁酉の日（二十三日）、大唐《もろこし》の学問僧智宗《ちそう》・義徳《ぎとく》・浄願《じょうがん》、軍丁《いくさよぼろ》筑紫国の上陽咩郡《かみつやめのこおり》の大伴部博麻《おおともべのはかま》、新羅の送使大奈末金高訓《だいなまこむかうくん》等に従いて筑紫に還り至る。

陽咩は、邪馬《やめ》である。その出身である大伴部博麻が、長い虜囚生活から解放されて帰ってきた。名もない兵卒だが、時の持統女帝は特に詔勅を下し賜り、未曽有の恩賞を与えた。天皇が一兵士に言葉をかけるのは尋常でないが、『紀』がこの長文の詔勅を懇切丁寧に記述したのも異常である。

冬十月、乙丑の日（二十二日）、軍丁《いくさよぼろ》筑紫国上陽咩郡の人大伴部博麻に詔して曰く《のたまわ》、「天豊財重日足《あめとよたからいかしひたらし》姫天皇《ひめすめらみこと》（斉明）七年、百済を救う役に於いて、汝、唐軍の為に虜《とら》われ、天命開別天皇《あめのみことひらかすわけ》（天智）の三年におよびて、土師連富杼《はじのむらじほと》・氷連老《ひのむらじおゆ》・筑紫君薩夜麻・弓削連元宝児《ゆげのむらじがんほうじ》の四人、唐人の所計《はかるところ》を奏聞《もう》さむと思欲《おも》えども、衣粮《きものかて》無きによりて、達すること能《あた》わざるを憂う。ここに博麻、土師富杼等に謂《かた》りて曰く、『我、汝と共に本朝《もとつみかど》に還向せむと欲《ほっ》すれども、衣粮無きにより倶《とも》に去ること能わず。願わくば、我が身を売りて以て衣食に充てよ』という。富杼等、博麻の計《はかりごと》によりて王朝《みかど》に通じ得たり。汝、独り他界に淹《ひさし》く滞《とどま》りて、今に三十年なり。朕、その朝《みかど》を尊び国を愛《おも》いて、己《おのれ》を売りて、忠を顕《あら》わせることを嘉《よみ》す。故《かれ》、務大肆《むだいしのくらい》（位階）と幷《あわ》せて絁《あしぎぬ》五匹・綿一十屯・布三十端・稲一千束・水田四町を賜い、その水田は曽孫に及至《およぼ》し、三族の課役を免じ、以てその功《いたわり》を顕わさむ」とのたまう。

大伴部博麻は百済戦争のため出征したが、敗戦の結果主君筑紫君とともに捕らえられ、唐都長安に送られた。そこで唐人の所計を耳にし、急を本国の朝廷に告げようと思ったが路銀がない。このため奴隷に身を売って、主君たちだけを帰国させ、自分は三十年近くも帰れなかったのである。

「唐人の所計《はかるところ》」とは、何か？　この場合、緊急に本国へ報告しなければならないような一大事とは、日本占領の具体策あるいは天智謀殺と考える以外にあるまい。筑紫君薩夜麻は怨讐を超えて、急を近江朝に告げようと決意したのであろう。が、長年の虜囚生活で先立つものがない。この苦境を見兼ねた博麻が、自らの身を奴隷に売り、とにもかくにも筑紫君の路銀を作って帰国させた。それが天智十年（六七一）、筑紫君一行の帰還であった。

しかし、どうやら、筑紫人《つくしびと》たちの苦肉の策は水泡に帰したようだ。筑紫君の生還をおそれた朝廷側は、彼が上陸すると同時に幽閉したか、殺害したか、いずれにせよ抹殺してしまったのである。このときの大宰の帥は、先に記した栗前王だ。「唐人の所計」を通報しようとする筑紫君は、唐側にとっても近江へ向かわせるわけにはいかない。近江朝は近江朝で、筑紫君なる人物は存在それ自体が有害と目されていた。栗前王がそのいずれのために働いたかは分からないが、この男は筑紫君を近江には行かせなかった。

持統女帝は、天智帝の実の娘である。父帝の危急を告げるため、身を奴隷に陥してまで異境にとどまった大伴部博麻は、彼女にとって稀に見る忠臣と映ったに相違ない。だから破格とも言える恩賞を施し、前例のない詔勅まで下したのである。

一方、大宰府に腰を据えた郭務悰がいつ離日したかは謎である。『紀』は天武が兵を挙げる寸前、すなわち壬申の年五月に「罷り帰りき」などと記しているが、唐を代表する郭務悰がこの国の政情を見届けもしないで離日する理由はない。

彼は、相当長期間滞日したのである。少なくとも、すぐ起こる壬申の乱、天武の即位とその政権成立ぐらいまでは見届けたはずである。あるいは、もっと長く駐留して後任者に引き継いだかもしれない。持統六年（六九二）五月、「乙酉の日（十五日）、筑紫の大宰率《おおみこともちのかみ》河内の王等に詔して曰く、『宜しく沙門を大隅と阿多とに遣し、仏の教えを伝うべし。また、大唐の大使郭務悰が近江大津宮の天皇（天智）の為に造れる阿弥陀像を上送すべし』と宣う」と、『紀』は記す。阿弥陀仏とは西方浄土、後生を祈る仏だ。郭務悰将軍は、天智帝のためにわざわざこの仏像を建立していたという。何のためか――。

『紀』によると、郭務悰に天智の崩御が報らされたのは三月の半ば過ぎである。そして離日が五月の三十日、天皇の死を悼むために作らせる仏像が二か月ぐらいで出来上がるであろうか？　それとも郭務悰は、その出来具合などどうでもよいと考えて引き揚げたのであろうか。唐の将軍が、ここで「罷り帰る」と言うわけはない。

第三章　近江朝覆滅へ

半年で更迭した大宰の帥

大和朝廷は長い年月をかけて日本列島を統一した。筑紫倭国の併合は、その最後とも言うべき仕上げにほかならない。大化のクーデターで大和地域随一の実力者蘇我入鹿を討ち、在地豪族諸氏を完全に制圧し、百済救援に名を藉《か》りた戦いを利用して九州を手にした中大兄（天智）の皇権は、ここに確立したと言える。そこで、これまで称制皇太子として執権していた彼は、即座に天皇即位の礼を挙げてもよく、それを妨げる国内的事情は何もないはずであった。にも拘らず、正式な皇位継承は白村江の戦いからさらに五年も先の天智七年（六六八）に持ち越される。従って、正確に言うと天智の在位年数は足かけ四年に過ぎない。

六六八年というのは、かつての強大国高句麗が遂に滅亡した年である。先に百済を平定して熊津《ゆうしん》都督府を置き、新羅に対しても王を鶏林州都督とした唐朝は、大国高句麗には都護府を設置して、いわゆる羈縻《きび》体制の樹立を図った。羈縻体制とは、簡単に言うと宗主権による冊封《さくほう》を基にした間接統治だ。

戦勝側に立った同盟国新羅に対してまでこれを押しつけた大唐帝国が、戦犯的立場にある敗戦国だけを例外とする道理はない。当然、大宰府を都督府とした。栗前王が大宰の率《そつ》に初めて任命されたのが天智即位の年、つまり六六八年であったことを見遁すわけにはいかない。天智即位の年というより、これは高句麗滅亡の年なのである。

　しかし、一代の英主天智はそう簡単に唐の言いなりになる天皇ではなかった。ブレーンである中臣鎌足もまた、あの手この手で劉徳高や郭務悰の圧力に対抗したであろう。ときには従順に、ときには断固として、彼らは戦勝国の戦後政策と向き合った。任期半年で栗前王を蘇我赤兄《そがのあかえ》に更迭したのは、その現れである。しかも、唐側が栗前の再任を強要してくると赤兄を左大臣、中臣一門の金《くがね》を右大臣とし、その上に大友皇子（弘文）を太政大臣に据えた。これが天智十年（六七一）正月で、栗前の大宰帥再任より五か月前である。ということは、約五か月間、大宰の長官はいなかったというわけだ。

　ついでに書くと、大宰府の長官を率または帥と『紀』は記すが、これは唐の官名で呼ぶと都督に当たり、次の大宰大弐とか少弐とかも唐制に直すと都督長刺《ちょうし》、都督司馬《しば》となる。別名では、大卿・少卿である。

　蘇我赤兄にせよ、中臣金にせよ、これらは天智朝の忠臣であった。一方の栗前王は、中大兄以来、天智の腹心とは言い難い人物である。こうした事実は、やがて起こる壬申の乱に際し、近江朝方に立つ者と唐の擁立する大海人（天武）側に与《くみ》する者とに分かれ、はっきり証明される。

亡命官人の登用

　白村江の敗戦以来、百済から日本へ渡航する者が相次いだ。それらの中には、余自信《よじしん》・鬼室集斯《きしつしゅうし》・憶礼《おくらい》福留《ふくる》・木素貴子《もくそきし》など、旧百済の高官や学者・将軍も多数含まれるが、一般民衆が難民化して集団的に渡来するのも後を絶たなかった。天智朝はこれらをことごとく受け入れている。
　天智四年　百済の百姓男女四百余人を近江国神前郡に居《お》く。
　　五年　百済の男女二千余人を東国に居く。

八年　佐平余自信・佐平鬼室集斯等、男女七百余人を遷《うつ》して近江国蒲生郡に居く。

そして、十年（六七一）正月には、大量の百済亡命者に官位を授け、政権の中枢に登用した。これを見ると、天智の近江朝廷は、まさに百済系官僚によって基礎を築いた観さえある。彼らはいずれも、その道の専門家であった。

大錦下　余　自信　法官の大輔　　大山下　答㶱春初　兵法　　小山上　徳　頂上　薬師
同　沙宅紹明　同　　同　㶱日比子　薬師　　同　吉　大尚　同
小錦下　鬼室集斯　学職頭　　同　賛　波羅　同　　同　許　率母　五経頭
大山下　谷那晋首　兵法　　同　金羅金須　同　　同　角　福牟　陰陽師
同　木素貴子　同　　同　鬼室集信　同
同　憶礼福留　同

このほか、小山下に五十余人を叙す。なお、位階二十六のうち大錦下は九番目、小錦下は十二番、以下大山上・中・下、小山上・中・下と続くから、すべて高級または中級以上の官僚である。この時期、左大臣蘇我赤兄も右大臣中臣金も大錦上（七番）で、それ以上の官位はほとんどが皇族に与えたに過ぎない。即位の翌年（六六九）に謀臣藤原鎌足を喪った天智帝にとって、多難な内外政治を乗り切るには、権力体制を太政大臣大友皇子以下の身内と側近で固めるとともに、百済の亡命官僚をして実務に当たらせるのが最高の策と思えたのであろう。しかし、この人事にさえ大唐帝国の〝進駐軍〟は注文をつけた形跡がある。たとえば、法制の整備を司る長官に百済王族の余自信だけでなく、これと同格として沙宅紹明《さたくじょうみょう》を加えたことだ。沙宅紹明とは、いったい何者か？　十か月のちに郭務悰と一緒にやって来る沙宅孫登《そにとう》の同族である。孫登は百済滅亡の後、唐朝に仕え、筑紫君の帰国に際して送使という肩書で来日した人物である。近江朝覆滅と同時に、右の亡命官僚らはほとんどが木から落ちた猿同然な扱いを受けるが、この紹明さんだけは大変に優遇されたようで、天武即位直後に死んでいるから、天武政権には何の実績もないわけなのに、「天皇、之を驚く」とあって、百済の旧官位大佐平（最高位）と我が朝の小紫位（第六階）を贈っている。ということは、近江朝にあったときから唐―天武に繋がるある種の任務を果たしていたということで、古代史の謎とされる壬申の乱にも一つのカギを握る人物であったに違いない。『紀』で、「天皇、之を驚く」とか、「天皇、大いに驚く」という表現を用いるのは、専ら最大の功臣の死に向ける言葉なのである。

仕組まれた異変

唐の対日政策が強硬なものであり、その指向する羈縻体制に抵抗するのは「死」を覚悟しなければならない。このことを最もよく知っていたのは、藤原鎌足であった。彼の長子貞恵は、先述したように天智四年（六六五）九月、劉徳高に同行して長安から帰ってきたが、ほどなく死んでいる。享年二十三だった。病死だったか、不慮の死だったか判然としないが、唐の方針にある程度の抵抗を示す天智政権の柱石的存在の鎌足には、さまざまな形で威迫が加えられたであろう。彼自身の死でさえ、毒殺の疑いもないではない。

しかし、生前の鎌足は、むしろ次子不比等（史）の行末に気を遣っている。貞恵を失った鎌足にしてみれば、幼い不比等だけはなんとしても無事に成長させたかったのだろう。鎌足が亡くなったとき、不比等は僅か十一、二歳であった。『尊卑分脈』によると、鎌足は早い時期に不比等を手元から離しており、「公、避くる所の事あり、すなわち山科の田辺史大隅《たなべのふひとおおすみ》らの家に養う。それ以て、史《ふひと》と名付くなり」とある。当代随一の権勢者鎌足に、どういう「避くる所の事」があったのか。しかも不比等は、山科の田辺史大隅の家にずっといたわけではない。田辺史大隅らの「ら」に注目しなければならない。これは、転々せざるを得なかったことを意味する。

田辺史大隅とは、白雉五年（六五四）の遣唐使団に名を連ねる田辺史鳥その人か、あるいはその一族である。不比等の兄貞恵は、その前年の遣唐使一行に加わって出発した。鎌足はこのとき一族の中臣安達《あんだち》も派遣しているが、次の田辺史鳥らの一行にも中臣間人老《はしひとおゆ》を加え、中臣氏（藤原氏）の将来に備える布石を打った。

その鎌足が、何を恐れて最愛の子不比等を他人の手にゆだねたのか。これはやはり、大唐ＣＩＡの謀略を警戒したためと言うほかはない。天智が正式に即位した六六八年の七月、「天皇の天命、まさに及《おわり》なむとするか」と『紀』が記したことは先にも述べたが、その前年近江に遷都した頃から天智朝周辺には異変が相次いでいる。

天智六年　三月、辛酉の朔にして己卯の日（十九日）、都を近江に遷したまう。このとき天下の百姓《たみ》、都を遷すことを願わず、諷諫《そえあざむ》く者多し。童謡《わざうた》も亦衆《おお》く、日々夜々、失火《ひつ》く処多かりき。

八年　十二月、大蔵に災《ひつ》けり。この冬、斑鳩《いかるが》寺に災けり。

九年　正月、誣妄《たわごと》・妖偽《およつれごと》を禁断《とど》む。

四月、壬申の日（三十日）、夜半之後《あかつき》、法隆寺に災き、一屋も余すなし。大雨《おおあめ》ふり雷震《いかづち》なる。

十年　十一月丁巳の日（二十四日）、近江宮に災けり。大蔵の省《つかさ》の第三倉より出でき。

十二月、癸亥の朔にして乙丑の日（三日）、天皇、近江宮に崩ず。

帝の崩御直前、近江の宮に火が放たれるなど、これはもう只事でない。遷都によって、民衆が造反したかのような扱いだが、流言蜚語の横行といい、重要な寺院や官衙への放火といい、民心を煽り、朝廷への離反を企図した組織的暗躍と言うほかはない。

そして、挑発である。斑鳩寺や法隆寺、はては近江宮にまで放火するというのは、天智その人に対する挑発以外のなにものでもない。剛毅な帝は、それでも九年二月までは狩猟とか、築城とかの名目で他出することが多かったが、以後はそれさえも控えるようになった。『紀』の「天智紀」には、いくつかの童謡《わざうた》が出ているが、意味不明のまま読まれてきたこれらの中には、恐るべき天皇への挑発が含まれている。例えば、天智九年五月条の「打橋《うちはし》の　集楽《つめ》の遊びに　出でませ子《こ》　玉手《たまで》の家《いえ》の　八重子《やえこ》の刀自《とじ》　出でましの悔いはあらじぞ　出でませ子　玉手の家の　八重子の刀自」とあるのは、板を渡しただけの打橋のたもとの遊びに出ておいでなさい、出てきても悔いるようなことはない、おいでなさい、八重子の刀自より――というような解釈がされてきたが、これでは何のことやらさっぱり分からない。純粋なわらべうたにしても、『紀』に取り上げるような歌ではない。玉手の家の八重子の刀自とは、幾重もの奥にいるやんごとない主婦、つまり奥方さまが子供たちに呼びかけたようになっているが、実は、「出でませ子」と「八重子の刀自」とは、ともに奥深く鎮座まします天智帝を指す。あれだけ出歩いていたお方がなぜ出てこないのか、出ていらっしゃい、臆病な子よ――と、嘲笑気味にこの歌を流行らせたのだ。

　また、天智十年正月、朝廷は大量の百済亡命官人に授位し、権力中枢のポストにつけたが、このときの童謡、「橘は　己《おの》が枝枝　生《な》れれども　玉に貫《ぬ》くとき　同じ緒を貫く」は、橘の実はそれぞれの枝になっても、それを玉として緒で貫くときには、一本の緒でつながれるのと等しく、百済の亡命者たちはそれぞれ異なった道を修めた人たちだが、同じような栄位を得た――と、諷刺の対象を百済の人たちとしてきたのが従来の解釈だ。しかし、これではさきほどの八重子の刀自と同じで、寓意は見当たらない。

　橘の実の比喩はそのままでよいが、その裏の意味は官位についた人々を指すのではあるまい。最後のところ、「同じ緒を貫く」の原文は「於野児弘儞農俱」となっていて、どう眺めても「同じ緒を貫く」とは読めない。むしろ、「おなじ、くに　の（な又はぬ）く」であろう。すなわち、天智も百済の亡命者たちも同じように「国」を「抜く」、「のく」あるいは「国」が「無く」、いずれにしても国を失った同類項だと言っているのである。

かくて、天智崩御となる。「天智紀」の最後は十年（六七一）、「この歳、讃岐国の山田郡の人の家に、鶏《とり》子《のこ》の四足なるものあり。また、大炊《おおい》に八つの鼎の鳴ることあり。或は一つの鼎鳴り、或は二つ、或は三つ倶《とも》に鳴り、或は八つながら倶に鳴れり」と記す。大炊とは、宮中の大炊寮のことで、ここの鼎《かなえ》が音を立てたというわけだ。この場合の鼎は飯を炊く釜の意である。釜が鳴るというのは、兵乱の予兆とされる。四本足の鶏といい、この釜の音といい、天智崩御とともに訪れる激動期の予告である。

大海人の吉野追放

天智天皇は、こうした一連の謀略を察知していた。しかも、その謀略の行き着くところは大唐に従属した形のリモコン政権樹立で、唐の謀略機関が大海人皇子を担ぐであろうことも知っていた節がある。だから彼は、崩御の年の正月、わが子大友を事実上の執権者である太政大臣に据え、左右大臣以下にも腹心を配したのだが、死の直前十月には大海人本人を呼び出し、「朕、病甚《やまいおも》し、後事を以て汝に属《さづ》けむ」と告げたという。ここのところは、いささか怪しいが、『紀』によると、このとき大海人は固辞して、天皇には天智の皇后である倭姫《やまとひめ》を推し、諸政を大友皇子に委ねるのがよい、と進言したとある。まことに異様な進言だが、自分はどうするのかといえば、吉野の山に入って仏道修行に励むという。それが本気でないかったことは、やがて起こる壬申の乱が証明するけれども、天智は既に大友を太政大臣に据えていて、いまさら大海人にそれを言われる必要はない。従って、後事を汝に託すると告げるわけもないはずだ。まして、天皇位を皇后に継がせるなど考えもしなかっただろう。ここのくだりは、天武の皇位簒奪を合法化しようとする『紀』の創作である。『紀』は大海人を天智の「皇太弟」と表現するが、皇太子はあっても皇太弟という言葉は前例がない。これも、後から付けた称号であろう。

大海人が天智の弟であったかどうかも頗る疑問のあるところだが、とにかく彼が吉野の山に入ったのは、死期の迫った天智帝自身の判断による追放である。『紀』は大海人の入山を十年十月とし、このとき既に帝は病床にあったと述べるが、こうした措置は瀕死の病人にはとれない。むしろ、禍根を断つためにはその場で斬るであろう。

天智天皇は、まだまだ自信満々であった。自分が健在であるからこそ、大海人を吉野追放で済ましたのである。『紀』は大海人を皇太弟と呼び、崩御前の天智から譲位の申し出があったかのように書くことによって、壬申の乱を合法化しようとするのだが、このくだりは逆に天智の命による吉野追放を裏付けるとともに、病死でない天智の謀殺をも物語るのである。

ここで、天智帝の系譜を掲げておく（次ページの図）。

皇位継承の資格

『日本書紀』は、天智崩御の翌年からを天武元年とし、大友皇子の即位を認めていない。そして、全三十巻のうち二十八と二十九を天武紀に充て、そのうち二十八巻を壬申の乱で占める。天武の命により編纂に着手し、その皇位継承を正当化するための記述がここにはある。大友皇子、すなわち弘文天皇の即位を歴史に刻んだのは、「この紋所が目に入らぬか」の水戸黄門こと徳川光圀の『大日本史』からである。

壬申の乱によって帝位に就いた天武は、史書のいわゆる「削偽定実」を掲げて『記』と『紀』の編纂を命じたが、当時は朝廷内外に天智の系統を「正」とする世論と認識があったようだ。しかし、それよりな

【天智帝の系譜】

- 皇后倭姫（古人大兄皇子の娘）——出生子なし
- 遠智《おち》娘《のいらつめ》（蘇我山田石川麻呂の娘）
  - 大田皇女（天武妃）
  - 鸕野皇女　☆同皇后・持統
  - 建　皇子　夭折
- 姪《めい》娘《いらつめ》（遠智娘の妹）
  - 御名部皇女
  - 阿部皇女　☆元明
- 橘《たちばなの》娘《いらつめ》（阿部倉梯麻呂の娘）
  - 飛鳥皇女
  - 新田部皇女（天武妃）
- 常陸《ひたちの》娘《いらつめ》（蘇我赤兄の娘）
  - 山辺皇女（大津皇子妃）
- 色夫古《しこふこ》（忍海小龍の娘）
  - 大江皇女（天武妃）
  - 川島皇子
  - 泉　皇女
- 黒媛《くろひめの》娘《いらつめ》（栗隅徳萬の娘）
  - 水主皇女
- 越道君《こしじのきみの》娘《いらつめ》
  - 施基皇子
- 伊賀《いがの》采女《うねめ》宅子《やかこ》
  - 大友皇子　☆弘文

☆印は天皇となる。

お強い天智系を排する絶対権力、つまり戦勝国唐の圧力が天武朝廷には覆いかぶさってきたから、天智の血を引く男子には皇権を継承させず、国内世論と占領軍の意向とを折衷した形をとり、天智系女子の即位で糊塗したのである。

　上に掲げた天智の系譜で、唖者であった建皇子は別としても、川島・施基・大友といった皇子がすべて排され、天武以後になっても天智の娘たちを母とする皇子たち、たとえば大田皇女の生んだ大津皇子や持統女帝の生んだ草壁皇子さえ即位できず、しかも不慮の死を遂げている点に注目しなければならない。また、天智の系統とは無関係な天武の皇子たちも即位できなかったのは、前記の国内世論とも言うべき「正論」が生きていたためであろう。

　天武の後、天皇となったのは皇后であ

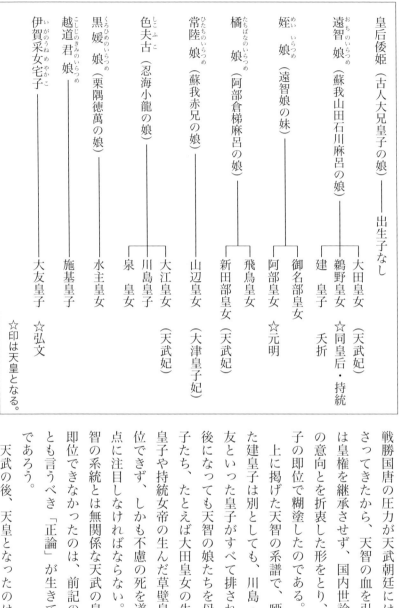

り、天智の娘でもある鸕野（持統）であった。この時、天武には右の草壁・大津両皇子のほか天智系の長《おさ》・弓削・舎人皇子があったが、非天智系の皇子としても高市・新田部・穂積・十市・忍壁・磯城らがあり、男系の男子継承には不自由しない状態であったことを見遁すわけにはいかない。

持統は天智の娘ながら天武の皇后であったから、廷内外の反対はなく、唐の機関もこれを拒む理由はなかった。しかも、女性である。といっても、彼女が帝位に就くまでに波瀾がなかったわけではない。なぜならば、天武はその十年（六八一）二月、鸕野皇后の生んだ草壁を皇太子としており、母である鸕野も草壁の即位を望んでいたからだ。ところが、草壁の立太子それ自体にクレームがついたらしく、十二年正月には皇后の姉大田の生んだ大津皇子が「始めて朝政聴こしめす」とあって、草壁は棚上げされた。

そして、その三年後の天武十五年九月九日、天皇崩御となる。すると、すぐに大津の謀叛事件というのがデッチ上げられて、皇子は死に追いやられる。この間、僅かに二十日余りだ。こうなると当然、草壁皇太子の即位になってもよいのだが、なぜか皇后鸕野の継承となって持統女帝が誕生するのである。

草壁皇太子は至って壮健であった。父帝の殯《もがり》から文武百官を率い、すべての行事を処理するのだが、持統三年四月、忽然と他界する。『紀』はその死因には全く触れず、「乙未の日（十三日）、皇太子草壁皇子の尊、薨《かむさ》りましき」と、たった一行だけ記す。草壁は二十八歳であった。

これは如何なることか——草壁も不可、大津も不可、つまり天智の血をひく男子は駄目ということだろう。そこで持統女帝の誕生となったが、治世十一年の後ようやく草壁の子、持統にとっては直孫である軽《かるの》皇子が十五歳で帝位に登る。ただし、これには、持統が上皇として後見するという条件がついた。文武天皇である。

文武は藤原不比等の娘宮子との間に首《おびと》皇子を儲けていたから、自身の後には当然首皇子の即位と予想されたけれども、文武の次には持統の妹で草壁の妃、文武にとっては母親でもある阿部皇女が即位し、元明帝となる。この女帝が在位八年、その後にはまた文武の同母姉の氷高皇女（元正）が登極《とうきょく》（即位）し、首皇子が帝位に就くのはさらに九年後の七二四年、彼二十四歳の時であった。聖武天皇である。

しかし、この聖武帝の後はまた女帝（孝謙）、短期間の淳仁天皇を挟んで再び孝謙の重祚となる。これが弓削道鏡で有名な称徳女帝だ。

これら歴代の共通するところは、すべて天智の女系に属していることである。天武と非天智系の女性との間に生まれた純天武系とも言うべき血筋から出た人々は、誰一人として即位していない。そして遂には、天智の子施基皇子の子、すなわち天智の直孫である白壁親王が称徳女帝の後の皇位を継ぎ、ここに純然たる天智の皇統に戻るのである。平安朝を築いた桓武帝の父、光仁帝である。この間に、天武系の皇位継承権者であった長屋王が粛清されている。このあたり、天智系を正統とする朝廷内外の世論、というより日本列島を統一した英主天智に対する声望が如何に根強いものであったかを物語るのではないか。

大唐帝国も、光仁が即位した七七〇年頃ともなると、ようやく下り坂の時代を迎えていた。開元の治の時期が過ぎ、安禄山・史思明の乱から唐朝の勢威は急速に衰えていく。しかも朝鮮では新羅が統一を完成し、日本でも親唐政策が浸透して、唐に敵対するような可能性は全く見えなくなっていた。内外の環境が、この国の自主独立を回復する方向に都合よく動いたのである。しかし、白村江の戦いから百余年、この間に日本人は漢字でものを書き、唐の習慣風俗に慣れ、仏教は百済仏教から唐仏教へ衣替えし、法制から朝廷の服制に至るまで、悉く唐化されていたのである。

が、これは勿論、後代の話である。今はまだ、天智崩御によって激動期を迎えた時期について述べなければならない。そこで、次章の壬申の乱へ移るわけだが、果たして天武に天智の後を継ぐべき合法性があったかどうか、兄弟相承の前例があるからといって、この場合に当てはめるのは無理である。『紀』の作為から真実を汲み取る必要があろう。

天武の皇位簒奪を合法だとする史学的根拠は、まず『紀』の天智三年条に「天皇、太皇弟《ひつぎのみこ》に命じて、冠を増し換え、位の階名を倍《ま》し……」云々とあることから、白村江敗戦の後、天智が政治の表面から一応退くため、《弟》である大海人を皇太弟にしたのだという。

しかし、これは陳腐な説明である。なぜならば、この天智三年条の記事そのものが、天武を天智の後の正式な皇位継承権者に仕立て上げるための〝創作〟にほかならないからだ。まず、太皇弟なる肩書が前例のないものである点については先にも記したが、三年条の「天皇」とは誰であるのか？　勿論、ここでは天智を指すのであろうが、実はこのときの天智はまだ天皇ではない、称制皇太子中大兄である。ここの時点で皇太子と皇太弟が並び立つとすれば、それは斉明女帝の後継者が二人同時に出てきたことになる。天皇の地位も皇太子のそれも、定員は一名に決まっている。

しかも、この記事が作為的創作であるということは、それ以後の記事でさえ天智のことを「皇太子」と明記している点にも明らかである。たとえば、「天智紀」の五年三月条には「皇太子、みずから佐伯子麻呂の連《むらじ》が家に往《ゆ》き、その所患《やまい》を問い、元より従《つかえまつ》れる功を慨歎したまう」とあり、さらに六年二月、娘である大田皇女を葬ったとき、「皇太子、群臣に謂いて曰く……」とあって、同年八月にも「皇太子、倭《やまと》の京に幸す」と続き、七年正月ようやく「丙戌の朔にして戊子の日（三日）、皇太子、即天皇位《あまつひつぎしらしめたまう》」となるのである。従って、天智称制四年の時点で皇太子が皇太弟などを置くはずもあるまい。皇太弟など存在しなかったのだ。

第四章　「壬申の乱」の真相

天智の後継は弘文天皇だった

天智謀殺を暗示した記述は「天智紀」の随所に見られるが、帝の崩御から半年のちに勃発した壬申の乱についても、『紀』の編者は予告の形で記している。例の八重子の刀自なる童謡《わざうた》を載せた天智九年（六七〇）の五月条に次いで、「六月、邑《むら》の中に亀を獲き。背に申の字を書き、上は黄に下は玄《くろ》く、長さ六寸許《ばかり》なり」とあるのがそれだ。

件《くだん》の亀を捕らえた邑がどこであるかは不明（おそらく作り話なのだろう）だが、背の上の方が黄色で下が玄いというのは中国（唐）で言う「天地玄黄」を逆様にしたもので、この世がでんぐり返るとの意だ。そして、背中に「申」の字を浮び上がらせていたのは、「日」を真ん中から上下に貫いて「申」となる通り、これまた中国で帝王に対する謀叛などに用う言葉である「白虹、日を貫く」を表しており、しかもそれはこの記事を出した午の年からすると翌々年の申年を指す。つまり、壬申の乱は正統王朝に対する謀叛なのだよと、『紀』の編纂者は告げているのである。

私は先程、壬申の乱で即位した天武の命で『記』、『紀』が編まれ、天智崩御の翌年を天武元年としている『紀』の編年の作為に触れ、それでもなお朝廷内外の空気は天智の系統を「正」とする傾向が強かったことを記したが、それを裏付けるのが『紀』それ自体であり、またその後を受けた『続日本紀』なのである。

まず、『紀』は歴代天皇の即位した年について、元年条の最後に「この年、太歳ナニナニにありき」と、その年の干支を入れている。だから当然、天武の場合も天智崩御の翌年が元年ならば、巻二十八の最後の行に「この年、太歳壬申にありき」と入れなければならない。にも拘らず、この「天武紀」に限って「この年、太歳癸酉にありき」と、二年条の最後に持ってきている。これはすなわち、西暦六七二年（壬申年）にはまだ即位しておらず、大友皇子（弘文）が天皇であったということだ。

さらに『続日本紀』には天平宝字二年（七五八）八月、藤原仲麻呂が大保（太政大臣）となり、恵美押勝と名乗るようになったとき、「乃《なんじ》が祖近江大津宮の内大臣より已来、世々明徳ありて皇室を補翼《ほよく》し、君十帝を歴《へ》て年殆ど一百……」という淳仁天皇の勅旨が記載されている。即ち近江朝の内大臣鎌足から不比等―武智麻呂を経て仲麻呂まで、藤原氏が皇室に尽くしたのが十帝、百年にも達するという意味だ。近江の宮とは、言うまでもなく天智帝の朝廷である。とすると、『紀』に従った場合は次のようになる。

天智―天武―持統―文武―元明―元正―聖武―孝謙―淳仁

これでは十帝ではなく、九帝である。天智と天武の間に弘文天皇の即位を認めて、初めて十帝なのである。さらには、江戸期の日下部《くさかべ》（奈佐《なさ》）勝皐《かつたか》が『薬師寺檫銘釈』で金石文を掲げた。それは、奈良西の京の薬師寺東塔にある露盤に刻まれた序文の中に、「維《これ》、清原宮馭宇天皇即位八年庚辰の歳建子の月、中宮の不悆を以て、此の伽藍を創る」とあるのに疑問の眼を向けたもので、彼は天武八年が庚辰の年なら即位した元年は当然癸酉の年であり、一年前の壬申の天皇は天武でないと指摘したのである。

この銘文は庚辰の年（六八〇）に刻まれたものであるから、言うまでもなく『紀』の編纂時より四十年も早い。従って、当時の人々の感覚ではハッキリと天武の即位は癸酉の年としていたことが分かるであろう。

先手を打った大海人

大海人が吉野に入ったのは天智十年（六七一）十月二十日である。そして、十二月三日に天智崩御となる。当然、筑紫大宰府の郭務悰将軍にも大喪の急報は近江から告げられたはずだ。ところが『紀』は、翌年三月になって大海人が告知したとする。いやしくも天皇の死を三か月も知らせないわけはないのだが、『紀』は朝廷からの使者については書かずに、吉野山の大海人が阿曇稲敷《あずみのいなしき》を派遣したことを記す。「ここに郭務悰等、咸《みな》喪服を著け、三遍挙哀《みねたてまつ》り、東に向いて稽首《おろがみ》き。壬子の日（二十一日）、郭務悰等再拝し、書の函と信物を進《たてまつ》りき」と、まるでもう吉野山の大海人を天皇のように扱っている。これが事実なら、『紀』だけでなく、郭務悰ら唐の側もこの時点で大海人を天皇として認めていることになる。

二か月過ぎた五月、「辛卯の朔にして壬寅の日、甲冑弓矢を郭務悰等に賜りき。この日（十二日）、郭務悰等に物賜る。すべて絁《あしきぬ》一千六百七十三匹、布二千八百五十二端、綿六百六十六斤なり」と、奇妙なことながら吉野の山から武器や反物の類が大量に郭務悰宛に送られたという記事がある。なぜ奇妙かと言えば、大海人は出家して吉野に入るとき、「私の兵器《つわもの》を収めて悉に司《つかさ》に納《い》れたまう」とあって、他人に贈るどころか自分自身ですら丸裸のまま近江を立ち去っているからだ。

この五月条で気がつくのは、「物を賜る」というのが武器と布類と分けて別々に書かれていることである。これは、前段の武器贈与は郭務悰から大海人に行われ、これに対する返礼として吉野側が絁や綿や布を贈ったということである。第一、甲冑や弓矢を軍人である郭務悰に供給する必要はさらさらあるまい。しかも、郭務悰はこの月の庚申の日（三十日）に「罷り帰りき」と、取って付けたように郭務悰離日の記事が出てくる。天皇の大喪が発され、正葬も行われない時期に何を慌てて出て行くというのであるか。壬申の乱の推移から見ても、これは不自然である。むしろ、郭務悰の残留をカムフラージュした記事と言うべきであろう。この時期、郭務悰は天智鎮魂のための仏像を作らせていたのだ。

「壬申紀」の叙述は、天武を〝天皇〟としながら近江を〝朝廷〟と呼ぶなど、かなりの混乱を見せる。郭務悰が帰任したという六七二年六月、次のように言う。

　この月、朴井連雄君《えのいのむらじおきみ》、天皇に奏して曰く、臣、私事有るを以て独り美濃に至る。時に朝廷、美濃・尾張の両国の司に勅して、山陵を造らむために予め人夫《よぼろ》を差し定めよといい、すなわち人別《ひとごと》に兵を執らしむ。臣、以為《おも》うに、山陵を造るには非ずして必ずことあらむ。もし、早く避《さ》りたまわずば危きことあるべきかと。或る人あり、奏して曰く、近江京より倭の京に至るまで、処々に候《うかみ》を置き、また菟道《うじ》の守橋《はしもり》に命じ皇太弟の宮の舎人が私の粮を選ぶことを遮《さ》えしむと。天皇、悪《にく》みたまい、因りて問い察しめて事の已《すで》に実なるを知りたまう。ここに詔して、朕、位を譲りて世を遁るる所以《ゆえん》は、独り病を治め、身を全うして永《ひたぶる》に百年を終えむとなり。然るに今已《や》むをえず、禍《わざわい》を承《う》くべし。何ぞ黙して身を亡さんやと宣《のたま》いき。

近江方が天智帝の墓陵を築くと称して、美濃と尾張で壮丁を集め、武器を持たせているという朴井雄君の注進と、誰だかが吉野に送る粮米を押さえはじめたという情報をもたらしたので、大海人は「なんぞ黙して身を亡さんや」と、ここに戦いの決意をしたと『紀』は述べるのである。まことに大袈裟な、開戦の宣言である。

これは、しかし、近江朝廷側の挑発があったので、大海人がやむなく応じたという態度を強調するためのもので、刀も弓もないはずの仏門の人が吐く科白《せりふ》ではない。むしろ、準備万端整えた上で戦いの大義名分を作っただけの話だ。それまでに進めていた近江朝内部の崩壊工作、諸国豪族に対する懐柔乃至提携、そしてなによりも五月に郭務悰が与えた武器の援助によって、唐機関の後押しを確認し得たのがこの六月であったのである。この点は乱の進展につれて次第にハッキリする。

こうして、大海人は迅速に戦闘体制を整えるよう指示した。いよいよ壬申の乱の幕明けである。

大海人軍、唐人と共に進発

六月二十二日、大海人は村国連男依《むらくにのむらじおより》・和珥部臣君手《わにべのおみきみて》・身毛君広《みけのきみひろ》の三名を呼び、「急ぎ美濃国へ往き、安八磨郡の湯沐令多臣品治《おおのおみほむじ》に告げて機要《はかりごと》を宣べ示し、まず当郡の兵を発し、仍《よ》りて国司等を経て諸軍を差発《おこ》し、急《はや》く不破の道を塞《ふさ》ぐべし。朕、今、発路せむ」と命じた。

「湯沐令」とは、簡単に言うと封戸《ふこ》（領地）を管理する長で、「ゆのうながし」と読む。多品治は、のちに『古事記』を撰上した太安萬侶《おおのやすまろ》の父とされる。大海人の湯沐が、この安八磨郡《あはちまのこおり》にあったのだ。ここでまず兵を徴集し、近隣の国司の協力を得て諸軍を不破の関封鎖に向けよという命令である。

村国・和珥・身毛らは、いずれも美濃の出である。美濃、それは大海人の経済力を支える湯沐《とうもく》地であると同時に、唐人の地盤とする土地でもあった。日本国内に唐人の地盤というのは奇異に思うかもしれないが、実は斉明六年（六六〇）以来、多くの唐人がここにいた。「斉明紀」の同年条に、次のようにある。

> 冬十月、百済の佐平鬼室福信・佐平貴智等来たり、唐の俘《とりこ》一百余人を献ず。今、美濃国の不破・片県二郡の唐人等なり。

百済が滅亡する前、捕虜にした人々を連行してきて献上したのである。これらの人たちが美濃に移され、次第に力を蓄えていたことは疑うまでもない。従って、美濃は大海人にとって二重三重に重要な拠点であった。

勿論、これらの唐人らには、郭務悰の工作機関からも通達が届いていたはずである。美濃に手を打った大海人は、次に近江に大分君恵尺《おおきたのきみえさか》を潜入させ、高市・大津両皇子に伊勢まで脱出してくるよう伝えさせる。ということは、この頃まだ近江朝側では大海人の挙兵に気がついていなく、積極的に吉野を討つ計画もなかったということである。このあたり、乱を起こしたのが一方的に大海人側であった事実を示す。

美濃に使者を走らせた翌々日、大海人は慌ただしく吉野を立った。従ったのは、草壁・忍壁両皇子と正妃鸕野のほか、朴井雄君・県犬養大伴・佐伯大目・大伴友国・稚桜部五百瀬《わかざくらべのいおせ》・安斗智徳《あとのちとこ》・調淡海《つきのあうみ》ら舎人二十余人と後は女子供十余人である。

しかも、大海人は吉野を出るとき徒歩のままであった。彼が馬に乗ったのは、津振川まで辿り着いてからである。これは、近江側の目を避けての深慮遠謀による。津振川《つぶり》とは、吉野から宇陀に向う途中の吉野郡津風呂といわれる。ここから菟田吾城《うだのあき》に着いたところで、大伴馬来田《おおとものまくた》・黄書大伴《きふみのおおとも》が吉野から追いつき、屯田司《みたのつかさ》の舎人土師馬手《はじのまて》が炊き出して迎えたので、腹ごしらえをしたのち再び出発、甘羅村《かむらむら》を過ぎて伊賀の郡家から鈴鹿を目指したが、このあたりから次第に異様な状況が現れる。

　甘羅の村を過ぐるに、猟者《かりびと》二十余人あり、大伴朴本連大国《おおとものえもとのむらじおおくに》、猟者の首《かしら》なり。すなわち悉《ことごと》に喚びて従駕せしむ。

突如、大伴朴本大国なる者を隊長とする狩人の群れが出現して供に加わったという。この後も大海人は行く先々で人数を殖やして進むのだが、こうした芸当はかなり早くから手を打っておかなければできない。

この種の待機部隊があればこそ、吉野を出たときの彼はごく軽装の小人数だったわけだ。ついでに記すと、甘羅村に現れた猟師風の男たちはただの狩人ではない。唐側から派遣された要員である。一行が吉野を出て四日目、桑名の郡家に着いた頃、戦術に迷った大海人はそれらの唐人と話を交わしている。

既にして天皇、唐人らに問うて曰く、「汝の国は数々《しばしば》戦う国なり、必ず戦術を知らん、今は如何にせむか」と。一人進みて、奏して言う、「それ、唐国では、先に覘者《うかみもの》を遣して地形の険平と消息を視せしめ、方に師（軍隊）を出すに、或いは夜襲し、或いは昼撃す。但し深術を知らず」と。

覘者とは、斥候またはスパイの意である。これは、『釈日本紀』が前記の安斗智徳・調淡海らの日記を引用した記事だが、吉野を出たときから随行している両者の日記である以上、唐人が直接乱に参加した事実は動くまい。

そして、さらに奇々怪々なのはその甘羅村付近で、これまた突然に、「また、美濃王を徴《め》す、すなわち参《まゐ》赴《む》きて従いき」となる。美濃王——とは、一体何者であろう？ 『紀』にはこのほか、三野王、弥努王などと書かれるが、みな「ミノオウ」である。このとき、筑紫の大宰帥だった栗前王の長男である。持統八年九月、この人もまた父親と同じく大宰府の率となる。なお、『続日本紀』には美努王とも書かれる。後に出てくるが、『紀』はこの筑紫の美濃王がここに出てきたことを隠蔽するために、栗前の子美濃王と甘羅村に出てきた美濃王を別人のように誤魔化しているけれども、いやしくも敏達天皇の系譜を引く王族である。同姓も同名もあるはずがない。

しかも、大海人一行の行動の奇怪さはまだ続く。件の美濃王が合流した直後、今度は大海人の湯沐から米を運んできた伊勢の駄《においうま》五十頭が、菟田の郡家付近で一行と出会う。美濃の安八磨郡の米を運ぶのに伊勢の馬を使うとは不思議な話だが、その謎はすぐに解ける。「仍《よ》りて皆米を棄て、歩者を乗す」と『紀』が言う通り、これは米を運んできたのではなく、戦争に使う馬を伊勢から連れてこさせていたのだ。
かくて、大海人らは夜道を駆けて東へ急ぐ。

一夜にして大軍と化す

近江に天智の遺孤大友皇子が君臨し、左右大臣以下の政権も現存することを知っていた人々は、大海人の挙兵を「謀叛」と見た。だから、この乱で大海人側についたのは事前に根回しをしていた豪族や宮廷官僚に限られ、大勢が決しかけてからその陣営に走った者は別として、蜂起直後に大事を打ち明けられたり、参加を求められたりした者は皆ビックリするのが先で、そう容易に従わなかった。

伊賀の隠《なばり》で駅家を焼き、兵の徴募に当たったところ「一人も肯《あ》えて来ざりき」と、完全にソッポを向かれた。そこで大海人は、自ら卜占の道具を手にして占い、「天下両分の祥なり。然れども、朕、遂に天下を得む」と宣言した。一種の戦意高揚である。大海人は『紀』も記すように、「天文遁甲を能くしたまう」とあって、この手の人心を摑む技術には長けていた。

しかも、名張での徴兵はこの卜占を立てるためのジェスチャーに過ぎなかった。真夜中に馬を飛ばして伊賀の郡家に至ると、待っていましたとばかりに郡司らが数百の手勢を率いて参陣する。伊賀――ここは、大友皇子の生母の出身地である。そこの郡司が兵をまとめて出迎えたということは、相当早くから大海人側の手が回っていた事実を証する。同時に、大友側は全くの無警戒で、大海人の挙兵など想定していなかったということを示す。でなければ、如何に真夜中とはいえ、無人の境を行くように伊賀を突破できるわけはない。

夜明け前、一行は積殖《つむえ》（柘植）に到着、ここで近江を脱出してきた高市皇子らが合流する。民大火《たみのおおひ》・赤《あか》

染《ぞめの》 徳足《とこたり》・大蔵広隅・坂上国麻呂・古市黒麻呂・竹田大徳・膽香瓦安部《いかごのあべ》らが同行してきた。さらに鈴鹿に達すると、美濃の国司三宅石床《みやけのいわとこ》をはじめ介《すけ》（次長）の三輪子首《みわのこびと》や湯沐令田中足麻呂・高田新家《たかだのにいや》ら多数の軍兵が迎える。いずれも、れっきとした近江朝の官人たちである。大海人は早速五百の士卒を出して鈴鹿の要路を抑えた。

日が暮れて、また夜が来た。三重の郡家に到達して夜営に入るとその夜更け、鈴鹿の関の司からの急使がやって来て、（近江方の）山部王・石川王らが来たので関に留めたと告げた。そこで大海人は、路益人《みちのますひと》を様子見にやったところ、それは敵方でなく、高市より遅れて大津を出たわが子大津の一行と分かり、「大いに喜ぶ」となった。

大津に従って来たのは、先に近江に派遣した大分恵尺のほか難波吉士三綱・駒田勝忍人・山辺安麻呂・小墾田猪手《おわりたのいて》。泥部眡枳《はつかしべのしき》・大分稚臣《おおきたのわかおみ》・根金身《ねのかねみ》・漆部友背《ぬのべのともせ》ら大勢であった。

一時に膨れ上がった大軍が郡家に向かっていると、村国男依が来て「美濃の師《いくさ》三千を発して、不破の道を塞ぎ得たり」と報告した。そこで郡家に着くと大海人は、早速、高市皇子を軍監として不破にやり、東海道に山背部小田・安斗阿加布、東山道に稚桜部五百瀬・土師馬手を抑えとして派遣、自らは本営を桑名の郡家に置いた。

近江朝の孤立

近江方が不穏な動きを察知したのは、高市・大津両皇子の脱出後である。美濃・伊賀辺りからも事態の急を告げたであろう。大海人は吉野を出る前に、近江の側から挑発されたため、「なんぞ黙して身を亡ぼさんや」と言ったが、実は自分の方から喧嘩を売ったのである。

近江の朝、太皇弟東国に入ることを聞き、其の群臣悉く愕《おどろ》き、京内震動す。或いは遁れて東国に入らんと欲し、或いは退きて山沢に匿《かく》れんとす。

これは、寝耳に水の状態に近い。大友皇子は廷臣を集め、緊急会議を開いた。天武のために編まれたのと等しい『紀』の「壬申紀」は、大友皇子について格別に記さないが、この薄幸の皇子が凡器でなかったことは、『懐風藻』にある。まず、容貌は、「魁岸奇偉、風範弘深、眼中に精耀《せいよう》あり、顧盼煒燁《こふんいよう》……」と讃える。顧盼煒燁とは、振り返る目元が美しく輝くということで、とにかく、気品をたたえた偉丈夫であったとの意味である。さらには、「太子、天性明悟、雅《もと》より博古を愛す。筆を下せば章を成し、言を出しては論をなす。時の議者、その洪学を歎ず」と、博学であり、文人でもあったことを記す。そしてなにより、太政大臣として執権した際には、「群下、畏服して粛然」と厳とした威光の持主であったことを述べるが、このために戦勝国からやって来た劉徳高がこの皇子に接したとき、「風骨、世間の人に似ず、実にこの国の分に非ざるなり」と驚き、慨嘆した逸話まで紹介している。

だから、却って唐側は天智直系の大友を忌避した。英雄の資質を持つ彼に、畏怖の念を抱いたのである。それでなくとも、旧倭国を併呑した新興日本は殆ど無傷に等しい武力を有していた。あの白村江で潰滅したのは、筑紫倭国の兵力が大部分なのであった。この皇子が天下に号令するとき、再び大唐帝国に弓を引く危険性はないか——来日した唐使では最高位の劉徳高が抱いた危惧は、唐朝そのものの警戒感を生んだとみて差し支えないであろう。

しかし、それだけに唐と大海人の側は周到な工作を施していた。異変を知って近江方が態勢を整えようとしたときには、もう廷臣の中枢にまで敵の手が回っており、すべてに立ち遅れの状態であった。天智の死から半年、これほど早く近江朝崩壊の謀略が進むというのは、どう考えても大海人個人の力量ではない。

背後に強大な黒い影が蠢いていたのである。それは、次に掲げる大友の兵力動員がことごとく画餅に帰したことにも窺える。

緊急会議の席上、なにはさておいても「驍騎」を差し向け、大海人一行を追尾して討つのが急務だと説いた者があったが、大友はそれを却けた。驍騎というのは、騎馬を主にした近衛兵のようなものであろう。それぐらいの兵力では間に合わないと、大友は見たのである。そこで、韋那磐鍬《いなのいわすき》・書薬《ふみのくすり》・忍坂大麻呂《おしさかのおおまろ》を東国へ、穂積百足《ほづみのももたり》・弟五百枝《いおえ》・物部日向を大和に、佐伯男《さえきのおのこ》を筑紫に、樟磐手《くすのいわて》を吉備の国に派遣し、それぞれに軍勢を集めるよう命じた。このとき、特に佐伯男と樟磐手には言葉を加えて、「それ、筑紫の大宰栗隈王と吉備の国守当摩公広島《たぎまのきみひろしま》の二人は、元《はじめ》より太皇弟に隷《つ》くことあり、疑うらくは背くことあらむ。もし服さざる色あらば、即ち殺すべし」と告げた。

大友は、大海人挙兵と知るや、これら双方の離反を直感したのである。案の定、磐手は吉備に行き、勅命に従わなかった当摩広島を斬る。一方、筑紫で栗隈と会った佐伯男も、言を左右して命を拒む相手を斬るつもりであったが、それを察したのか、栗隈の側には剣を握りしめた三野王と武家王という栗隈の子が立ちはだかっており、断念せざるを得なくなったので、虚しく引き揚げたと『紀』は書く。

しかし、これはおそらく、例の甘羅村に現れたミノ王の正体を隠すために付け足した話で、三野王（美濃王）はこのとき筑紫にはいない。弟の武家王その他が栗隈の護衛に当たったのだ。郭務悰―大海人の繋ぎ役である栗隈には、初めから大友に味方するつもりはなかった。第一、既に鈴鹿まで進んだ大海人の軍勢と戦うのに吉備や筑紫の軍勢が間に合わないぐらい、大友も知っている。従って、このとき使いを双方に出したのは大海人単独のクーデターか、それとも唐の機関が主導する兵乱なのかを探らせたものと思われる。

しかも、東国に出した使者も途中で大海人側に発見され、目的を達さなかった。発見されたというより、美濃・尾張以東にも大海人側への内応が浸透しており、朝廷からの使者派遣は所詮無駄だったのである。それは、二十七日に至って、尾張の国司小子部鉏鉤《ちいさこべのさひち》が二万の軍勢を率いて参陣したことによっても明らかである。

それにしても、二万とは大軍である。この小子部鉏鉤の行動によって、去就に迷っていた各地の国司や豪族にも決定的波及が押し寄せる。たとえば、大和の大伴馬来田などは、自分だけ大海人に従行し、弟吹負には大和残留を命じていたが、大海人側の形勢が有利に展開すると早速吹負は飛鳥古京襲撃の準備に取りかかった。

しかし、尾張の小子部鉏鉤が近江朝に背いたのは、どうやら自分の意思ではなく、なにものかの圧力によるものであったようだ。その証拠に彼は、乱が一段落した直後自殺し、大海人が「鉏鉤は、有功の者なり。罪なくして何ぞ自ら死ぬるや。それ、隠謀あるか」と嘆いたとある。たしかに、大海人の側からすると「功臣」であり、「罪なくして」の者でもあろう。が、この自殺は、圧力に屈し、隠謀に加担した者が自らを裁いた行為ではなかったか。

吉備や筑紫に出した使臣の復命を待つまでもなく、大友は唐機関による大海人担ぎ出しと己れに対する包囲網の存在を察知した。だから彼は、それ以後諸国からの増援を呼びかけることなく、在京の諸軍だけで抗戦する決意を固めた。

さざなみの落日

在京の諸軍といっても、その中には既に裏切りを心に秘めた者もいた。古京が大伴吹負の襲撃を受けて奪われ、大和の戦線も近江方には次第に不利となりつつあった七月二日、大海人は紀阿閉麻呂《きのあべまろ》・多品治・三輪子首・置始菟《おきそめのうさぎ》ら数万の軍を鈴鹿越えして大和に向け、村国男依・書根麻呂・和珥君手・膽香瓦安部ら数万には不破から近江を衝くよう命じた。このときは、同士討ちを避けるため赤い布切れを衣類に付けさせた。また、多品治には別動隊三千を授けて莿萩野《たらの》の守備を命じ、田中足麻呂には柘植から甲賀に向かう山道の確保を指示した。

これに対して近江方は、大将山部王の下、蘇我果安《そがのはたやす》・巨勢比等《こせのひと》らを配し、数万の軍勢で不破を攻めるべく、犬上川に布陣した。果安・比等の両人は天智十年（六七一）正月、天智帝最後の人事で大友皇子が太政大臣となったとき、ともに御史大夫（大納言クラス）に任命された、言うなれば近江朝中枢の閣僚である。ところが、犬上川に布陣した直後、この二人が山部王を殺害してしまった。そして、果安も自殺した。一体全体、なにがなにやら分からない有様だが、間もなくこれも唐仕込みの謀略であることが明らかになる。

山部王は、「王」というから王族であろう。そして果安も比等も御史大夫《ぎょしたいふ》であるから、文官である。とすれば、数万の軍隊を実際に指揮していたのは誰かということになるのだが、『紀』によるとこの事件の後すぐに、「近江の将軍羽田八国《はだのやくに》とその子大人《うし》等、己《おの》が族を率いて来り降る」とある。すなわち、将軍羽田八国が指揮していたのだ。これが丸ごと裏切るのに邪魔な上層の三人を消したのである。

唐仕込みの謀略――と、私は書いたが、先の衣類（それは多分、袖であろう）に赤い布切れを付けさせたことといい、この後大海人が羽田八国に対して、「斧鉞《ふえつ》を授け、将軍に拝《よさ》す」と、まさに唐直輸入の方式を採用していることといい、大海人陣営には唐の戦闘様式が色濃く滲み出ているから、壬申の乱すべてが唐流の戦略戦術で回転したと言う以外にない。第一、降参してきた敵の将軍を即座に今度は味方の将軍に任命するというのは、唐の皇帝がよく用いた方法である。我が国でこれをやるのは、将棋を指すときぐらいのもので、日本人にはあまり馴染まない。

凡庸でない大友皇子も、近江朝の高官にまで内応の魔手が伸びていたとは気がつかなかったのであろう。

犬上川の悲劇は、まことに巧妙に仕組まれた謀計であった。

　こうした惨憺たる戦況であったが、局地的には近江方が勝った戦闘もあった。乃楽《なら》山で大伴吹負《ふけい》を撃破した大野果安《はたやす》、莿萩野《たらの》付近で夜襲を敢行し、田中足麻呂を追った田辺小隅《たなべのおすみ》など、まさに窮鼠が猫を噛むたとえにも似て、琵琶湖の南北に激戦を展開した。このうち、田辺小隅は莿萩野の敵陣に突入し、多品治《おおのほんじ》の軍と戦った後敗れ、そのまま行方知れずとなる。彼こそ、藤原鎌足がわが子不比等の将来を託した田辺史大隅の一族である。近江方について戦ったのは当然と言ってよい。

七月十三日、村国男依らは安河（野州川）の合戦に勝って、社戸大口《こそどのおおくち》・土師千島《はにしのちしま》を捕虜にし、十七日には栗太《くりもと》でも近江勢を破った。そして、いよいよ二十二日、男依らは瀬田に達し、大友皇子親率の近江軍と相対峙するに至る。

　時に大友皇子と群臣等、共に橋の西に営みて大いなる陣をなし、その後《しりえ》を見ず。旗幟、野を蔽い、埃《ち》塵《り》天に連り、鉦鼓《かねたいこ》の声数十里に聞え、列の弩《ゆみ》乱れ発し、矢の下雨《ふること》の如し。

　その将智尊、精兵を率いて先鋒として距《ふせ》ぐ。仍《よ》りて橋の中《なかば》を切断すること三丈《みつえ》を容るるばかり、一つの長板を置き、もし板をふみわたる者あらば、すなわち板を引きて堕《おと》さんとす。これをもって進み襲うを得ず。ここに勇敢なる士あり、大分君稚臣《おおきたのきみわかおみ》と曰う。長矛を棄て、甲《よろい》を重ね擐《き》、刀を抜きて急《にわか》に板をふみてわたる。すなわち板を著けたる綱を断ち、矢を被《かぶ》りつつ陣に入る。衆、悉く乱れて散り走り、禁《とど》むべからず。時に将軍智尊、刀を抜きて退く者を斬れども止むる能《あた》わず。因《よ》りて智尊を橋の辺に斬れり。

大友皇子、左右大臣等、僅かに身を免れて逃《のが》る――。

戦いは決した。『紀』は、近江勢が如何にも大軍であったかのように記すが、そうではあるまい。なにしろ、指揮を執る大将が智尊などという坊主のような人物だ。この時点までに名のある武者や将軍は、討死にしたか、あるいは大海人陣営に走ってしまったのである。後《しりえ》も見えず、旗幟野を蔽い、埃塵天に連なったのは大海人の軍勢であった。

翌二十三日、村国男依らは近江方の犬養五十君《いぬかいのいそきみ》と谷塩手《たにのしおて》を粟津で討ち、組織的戦闘のとどめを刺す。

ここに大友皇子、走《に》げて入るところ無く、すなわち還りて山前《やまさき》に隠れ、自ら縊《くび》りたまう。時に左右の大臣及び群臣、皆散亡し、ただ物部連麻呂また一、二の舎人のみ従いき。

風嘯々《かぜしょうしょう》、悲運の皇子は自ら生命を断った。大海人が吉野を出てひと月も経たないうちに、天智帝の築いた大津宮は崩壊したのである。天皇の崩御から僅かに半歳、如何にも呆っ気ない王朝の滅亡である。仮に大海人が天智の実の弟だとしても、あるいは大友が凡庸な皇子で大海人が非凡な人物だとしても、これだけ短時日に吉野山の僧形がクーデターを成し遂げることは不可能であろう。ましてや、大海人のその後を見るとき、この天皇に宮廷官僚や地方の豪族を一夜にして味方につけるほどの器量があったとは思えない。彼がなぜ帝位に就き、どういう役割を果たしたか、そしてまた壬申の乱後の日本がどのようになっていくかを眺めると、これらの疑問は次第に解明される。

戦勝国が敗戦国に仕向ける政策は古今東西、手段方法こそ異なれ、本質的にはそう変わらぬものである。七世紀の日本、二十世紀の日本、西の大国から東の超大国、その間に千三百年もの「時間」が横たわっているが、私の鏡には一つの投影にしか見えない。

第五章　天武政権の実態

大海人、天皇位に就く

琵琶湖に夏の終わりの斜陽が沈む。茜の空は血の色であった――。

大友皇子が縊死《いし》する前、壱伎韓国《いきのからくに》や廬井鯨《いおりいのくじら》などが散発的抵抗をみせたが、その後は残敵掃討と落人狩りである。「壬申紀」は、「癸丑の日（二十四日）、諸将軍等悉く筱浪《さざなみ》（琵琶湖南岸を指す）に会いて、左右大臣及び諸罪人等を探り捕う。乙卯の日、将軍等不破の宮に向かい、因りて大友皇子の頭《みくび》を捧げ、営の前に献ず」と記す。

八月に入ると、高市皇子に命じて戦争犯罪人を裁く処断が下された。このとき、「重罪八人を極刑に坐《お》き」とあるが、誰と誰が八人であったかは書いてない。ただ、右大臣中臣金《くがね》がこれに含まれたことだけは間違いない。

すなわち、重罪八人を極刑に坐き、仍りて右大臣中臣連金を浅井の田に斬る。是の日、左大臣蘇我臣赤兄《あかえ》、大納言巨勢臣比等《こせのおみひと》及び子孫、并せて中臣連金の子と蘇我臣果安の子とを悉く配流し、以余《そのほか》は悉に赦しき。

これが同月二十五日のことである。右大臣金は、言うまでもなく天智の股肱鎌足に繋がる中臣・藤原一族である。左大臣赤兄が流刑ですんだのに彼が斬られたのは、やはり、天智―鎌足の線を一掃するためであったのだろう。因みに二十世紀の極東軍事裁判でも絞首刑になったのは七人、意外なことに東条内閣の閣僚であった者でのちに首相となるケースがあったのに似て、近江朝で首脳部にいた紀大人《きのうし》（御史大夫）は処罰もされず、大友皇子の最後を見届けたという物部麻呂も殉死したのかと思えばさに非ず、この男はのちに石上《いそのかみ》を名乗り、正二位左大臣にまで昇進する。従って、彼が最後まで随行したのも、あるいは皇子の死を見届ける役目を帯びていたためかもしれない。

かくて九月八日、大海人は意気揚々と近江を後に凱旋の途につく。飛鳥浄御原《あすかきよみはら》に宮居を定めたのは、同年冬である。そして翌年二月二十七日即位の礼を挙げたが、『紀』は前年を天武元年とする一方、即位はこの年であったと明記し、壬申年の空位を肯定する。やはり、天智の後の天皇は弘文であったのである。

以上、壬申の乱の経過をざっと見てきたが、その推移を巡って大唐の影がチラホラしたことは既に記した。従って、乱の前後を通じて直接間接に唐の機関が参画乃至介入したことは否定できないが、この乱が鎮まり大海人が皇位についてからも、なお一層戦勝国の圧力は加速するのである。以後十五年の天武朝、さらに次の持統朝十年間は、まるで二十世紀の一時期、アメリカがこの国を支配した姿さながらな政治状況に包まれる。

天武朝の傀儡性

その第一は、天武の在位十五年間を通じて太政大臣はおろか、左右大臣すら置けなかったこと。次いで大宰都督府の帥・栗隈《くりくま》（前）王が中央兵政官の長に抜擢されたこと。終戦連絡局的役所として摂津職が設けられ、皇別の貴族丹比《たじひ》公麻呂がその大夫となったこと。そして大津・草壁両皇子の死、持統の即位へと繋がる怪事件が相次ぎ、祭祀と叙位叙爵以外には見るべき治世の実がなかったことにも明らかである。

反面、大海人の壬申の乱を批判し、その前も後も「なにもの」かによって左右される朝政に抗議した廷臣や大衆の反発は続出し、唐機関や天武自身の望んだであろう天智色の一掃が果たされぬばかりか、先述したように純天武系の皇位継承は遂に成らず、結局は天智系の皇統に戻るのである。

栗隈王が軍部を掌握する兵政官長に任命されたのは、乱後三年の六七五年である。摂津職大夫に丹比公麻呂が就任したのはさらにその二年後であった。これらの人事は、白村江の戦い以来筑紫大宰府にあった唐の機関が難波乃至摂津に移り、軍事権を主としていたのから今度は政治面に重点を置く役割へと転換したことを示唆する。郭務悰が後任者に引き継いで離日したのは、多分この頃であろう。

第一章の冒頭に掲げた「斉明紀」元年五月条、「庚午の朔の日、空の中に龍に乗れる者あり。貌、唐人に似たり。青き油の笠を著け、葛城の嶺より馳せて膽駒《いこま》の山に隠れ、午《うま》の時に及至《いた》りて、住吉の松の嶺の上より、西に向いて馳せ去りき」は、こうした状況を予見の形で記したものである。

天武は即位直後の三月、「書生《てかき》を聚《あつ》めて、始めて一切経を川原寺に写し始む」とあって、翌四月には大津皇子の姉大来《おおく》皇女を泊瀬宮《はつせのみや》（伊勢神宮の前身）の斎宮《いつきのみや》とする。斎宮とは、神に仕える皇女を指す。そして十二月には、例の美濃王と紀軻多麻呂《きのかたまろ》に高市大寺の建設を命じるなど、しきりに祭祀に励む。

後は叙位やら新羅使に対する接見やらで、格別に政治らしい政治はなく推移するが、栗隈を兵政官の長に任命した頃から、様相は一変する。すなわち即位三年目（『紀』では四年目だが）の三月、栗隈が兵政官長となった翌月八日、「小錦上当麻公広麻呂と小錦下久努臣麻呂《くぬのおみまろ》の二人は朝参せしむるなかれ」との勅宣が出る。言うなれば、出仕するなという一種の「休職処分」だ。ところが、久努臣麻呂はこれを拒否したらしい。「詔使をこばめるにより、官位悉く追わる」と、なる。これが十四日である。その四日後、今度は

「三位麻績《おみ》の王罪あり、因播《いなば》に流し、一の子を伊豆の島に流し、一の子を血鹿《ちか》の島に流しき」という記事が出る。

高官や王族などがどういうわけで罪を得たのか、『紀』はその理由について触れない。しかし、それが何によるものであったかは、十一月条がヒントを与える。

十一月、辛丑の朔にして癸卯の日、人あり、宮の東の岳に登り、妖言《およづれごと》して自ら刎《くびは》ねて死す。是の夜、当直せる者悉く爵《くらい》一級を賜る。

ある人が皇居の東の丘に登って妖言し、（のがれられぬと観念して）自分で自分の首を刎ねて死んだ。すると、この夜当直で皇居内にいた者にはすべて位を一階級ずつ昇進させた。つまり、自殺した人の叫び声を聞いた者も聞かなかった者にも、当夜宮中にいた者全員を昇級させたというのだ。なぜか——それは、口止め料である。

妖言に口止めとは、これが決して「妖言」などではなく、重大な事実について叫んだということだ。一人の人間が死を覚悟して叫ぶ言葉とは、いい加減なデマやハッタリではあるまい。しかも、廷臣が聞いてはならぬ禁中の秘事とは、壬申の乱に関すること、大海人の即位に関するもの以外にはないであろう。具体的に言うなら、唐の謀略機関によって乱が起き、皇位の簒奪がなされたことをある人が叫び、廷臣の一部が耳にしたということであろう。

大海人が帝位に就き、諸大臣も置けないまま祭祀と叙位叙爵しか行わず、自主性をまるで失っている現状に、麻績王も久努麻呂らも批判あるいは非難を敢えてしたのである。問題の人物が憤死するひと月前の十月、「筑紫より、唐人三十口を貢《たてまつ》る」とある。そして、これらの唐人を遠江に置いたと『紀』は述べるけれども、白村江の戦いから十二年も経って、戦勝国唐の捕虜が筑紫に留まっているわけはない。これは明らかに、大宰府の唐機関から派遣された要員である。遠江になど、行くわけがない。

　こうした宮中内部の動揺に、天武は上層官人の懐柔策として翌年正月四日、小錦位以上の者に衣・袴・褶《ひらおび》・腰帯・脚帯・机・杖などを下賜したが、それでも足りないと思ったのか、七日にはまた小錦以上に「禄を賜う。各、差あり」と、追加した。

　しかし、官人や国人たちの傀儡政権に対する批判は絶えなかった。この年四月、美濃にいた紀阿佐麻呂《きのあさまろ》の子が東国に流され、庶民に堕されたが、兵政官長栗隈王が死んだ翌月の七月にはまたまた、「卿大夫及び百寮諸人等の爵を進む。各、差あり」と昇位の沙汰があり、八月にも「親王以下小錦以上の大夫及び皇女姫王内命婦等に食封を賜う。各、差あり」と、特権階級に神経を使ったかと思うと、九月には「丁丑の日（十二日）、筑紫大宰三位屋垣王《やかきおおきみ》罪あり、土佐に流す。戊寅の日（十三日）、百寮人及び諸蕃人等に禄を賜う。各、差あり」と、アメとムチの使い分けに忙しい。

　これらのうち注目しなければならないのは、栗隈の死後、兵政官の長が任命されていないこと、そしていつ就任したか判然としない大宰の屋垣王に対する流刑である。私の考えでは、この屋垣王というのは大和系の王族でなく、多分筑紫倭国の系譜を引く者だったのではないか。「王」を名乗りながら、大宰の「率」あるいは「帥」ではないところに引っ掛かる。

　即位五年目の六七七年に入ると、杙田史名倉《くいたのふびとなくら》なる人物が「乗輿を指斥《そし》りまつれるにより、伊豆の島に流さる」という記事が出る。乗輿《じょうよ》とは読んで字の如く、人が乗る輿《こし》のことだが、『紀』はこの部分だけ「おおぎみ」と読み、直接的に天武を名指す。つまり、名倉は天皇を悪し様に言いふらした罪で流刑になったというわけだ。しかし、ここのあたりは頗る意味が深い。わざわざ天皇を「乗輿」と言ったのは、文字通り人の担ぐ輿に乗った天皇だが、実は担ぐのは一体誰だという底意がある。ずばり申せば、唐の機関によって担がれているだけの天皇、リモートコントロールされているロボットじゃないかと、杙田の名倉は言ったのである。最初に出仕を差し止められ、官位を剥奪された久努麻呂からこの名倉に至るまで、処罰された官人も自刎《じふん》した人物も一貫してこの点を衝いたのである。

この間にも天武は、懸命に神仏に祈っている。龍田の風神、広瀬の大忌神、大官大寺、大来皇女を斎宮にした天照大神等々、異常なほど熱心な信仰ぶりである。しかし、廷内外の動揺は絶えず、人心も安定しなかった。同年九月条の「およそ浮浪人《うかれびと》のその本土に送られし者、なおまた還り到らば、彼も此れも並に課役《えつき》を科せむ」とは、本地を離れて放浪する者が送り帰されたのに、また放浪地に舞い戻ったなら、逃げた者にも逃げられた者にも共に課役を科すという勅命で、この頃の世情はそれほど多くの浮浪者が徘徊し、民生不安定だったということである。

かくて、唐機関の干渉はより激しくなり、同年十月には摂津職という役所が新設され、丹比麻呂がその大夫に任命されて、輿に乗る側と担ぐ側との連絡に当たることとなるが、当時の民心が天武政権を離れており、また、如何に近江朝の覆滅に怨念を込めていたかは、さりげなく記した『紀』の叙述にも浮び上がってくる。

それは天武六年（『紀』では例によって七年とするが）四月、十市皇女の死をめぐる動きの中に汲み取れる。

夏四月、丁亥の朔、斎宮《いつきのみや》に幸《いでま》せむとしてトえしに癸巳の日（七日）、卜食《うらあ》えり。仍《よ》りて平旦時《あかとき》を取《えら》びて、警蹕《みさきおい》既に動き、百寮列を成して乗輿蓋《みくるまかさ》を命ず。以ていまだ出行《おは》に及《いた》らざるに、十市皇女、卒然、病《やまい》を発し、宮中に薨ず。これによりて、鹵簿《ろぼ》既に停して幸行し得ず。遂に、神祇を祭りたまわざりき。

この年の正月から倉梯《くらはし》の河上に建設していた斎の宮に、行幸する日のことであった。倉梯とは、今の奈良県磯城《しき》郡で泊瀬《はつせ》川の上流である。その出発寸前に、同行の十市皇女が急死したというのだ。

十市は、天武の皇女であると同時に、横死した大友皇子（弘文）の妃でもある。当然、大友と運命を共にすべき人と思われていたのが、生きて大和に戻り宮中で暮らしていた。これは、およそ千年後の徳川千姫と同じである。火の海と化した大坂城から脱出した千姫が、晩年江戸市民からどのように思われ、どのように扱われていたかは、捏造された「吉田御殿」の話にも明らかである。

従って、このときの十市が本当に急病で死んだのか、それとも誰かに襲われたのか、あるいはまた心労の挙句であったのかは詳らかでないけれども、この巻を担当した『紀』の編者は、天罰覿面《てんばつてきめん》と書くわけにいかないので、しかし、当時の民心を代弁した形で次のように記す。

己亥の日（十三日）、新宮西の庁の柱に霹靂《かむとけ》す。

新築した宮居の柱に雷が落ちた――十市皇女が急死したというそのすぐ後に、この一行がはっきり加えられている。

滅亡した高句麗との遣使往来とは

「天武紀」には、もう一つ奇妙な記述がある。

即位元年（六七三）八月二十日　上部位頭大兄邯子・前部大兄碩干《せきう》等
三年（六七五）三月　大兄富干・大兄多武《たむら》等
四年（六七六）十一月二十三日　大使後部主簿阿于・副使前部大兄徳富
七年（六七九）二月一日　上部大相桓父・下部大相師需婁等
八年（六八〇）五月十三日　南部大使卯問《ぼうもに》・西部大兄俊徳等
十年（六八二）六月一日　下部助有卦婁毛切・大古昴加

これらは、いずれも高句麗（高麗と記す）からやって来た使臣である。そして、わが天武朝も度々使者を出している。が、この頃既に高句麗なる国は地上に存在していない。

高句麗は六六八年九月、平壌城の陥落で滅亡し、宝蔵王をはじめ支配層は唐都長安に送られたが、在地豪族や一般民衆はなお頑強に抵抗し続けた。すると新羅は、突如としてこれらに援軍を差し向け、唐軍を朝鮮半島から追い出す戦いを展開し、旧百済領にも攻め込んだ。この戦いは六七六年まで続いたが、結局、大同江以南を征服し統一新羅が実現した。一頃、高句麗遺民が王に迎えた安勝は、ここで正式に新羅の官位を受け、臣従するに至る。安勝は、六七七年以降蘇判という官職につき、新羅の都城に移り住んでいるのだ。

従って、天武朝に高句麗からの使臣が来るということはあり得ない。これまでの解釈では、国は滅びたが、旧王室からの使者がやって来たのだという説をとっているが、如何にも無理なこじつけである。しかも、『紀』では向こうから使臣がやって来るだけでなく、こちらからも使いを出している。一体全体、どこへ行ったのであろう。

たとえば六八一年七月四日、采女臣竹羅を大使とし、当麻公楯を小使とする一行が新羅に出発したが、同じ日、高句麗にも大使小錦下佐伯連広足・小使小墾田臣麻呂を派遣し、高句麗組は翌年五月帰朝したとある。ところが、彼らが出発した二か月後の九月三日、これとは別の「高麗・新羅に遣わせる使人等、共に至りて拝朝す」とあり、さらに六八四年五月にも大使三輪引田君難波麻呂、小使桑原連人足を派遣、翌年九月に帰国したとするから、遣羅使と同様、高句麗にも頻繁に使いを出したことになる。まことに奇異である。

朝鮮半島から撤退した唐は、既に女帝武則天の執権下にあった。統一新羅は、首尾よく唐の勢力を駆逐したけれども、名目的には唐を宗主国としていたので、唐側も再度大軍を半島に仕向けることはなく、文化的・経済的に唐化を進める新羅に満足したのであった。この点、新羅は巧妙な外交手腕で実をとり、西域に悩みを持つ大国唐は実を捨てて名をとるところに落ち着いたと言えよう。

落ち着かないのは、我が天武朝である。これは私の突拍子な想像だが、右の遣麗使というのは消滅した高句麗などに行ったのでなく、旧難波宮に陣取る唐の司政官との折衝で紛議を生じる度に、大宰府にいる武官に泣きついて行ったのではないか？　当然、高句麗から来たという使者なるものは、大宰府から来る唐人たち、あるいは唐本国から派遣された使臣であったと見る。新羅から送使がついて来たというのは、隠蔽のための創作であろう。

私がこのように考えるのには、理由がある。

『紀』の書くように、郭務悰が本当に壬申の年（六七二）三月末に離日したとすると、遣唐使が再開された文武帝の大宝元年（七〇一）まで約三十年間、日唐両国の接触はまるでなく、国交断絶の状態にあったことになる。向こうから誰も来ないし、こちらも使者を送らなかったのだから、この間に我が国が唐化されるはずはない。ところが、実際には上下を問わず唐ナイズが遠慮会釈なく進み、百済仏教は唐仏教に変わり、衣食など習慣・風俗まで変化する。天武が、「朕、今更に律令を定め、法式を改めむと欲す」との勅宣を出したのは六八一年二月、次いで、「親王以下、庶民に至るまで、諸服に用いる所の金・銀・珠玉・紫・錦・繡・綾、及び氈褥《かもとこしき》（毛織の敷物）、冠・帯、幷せて種種雑色の類は、服用《きもちいる》こと各差あり」と服制をはじめとする「禁式九十二条」を立てたのが同年四月だ。こうして次第に、唐制を真似た律令国家の体裁を整えていく。さらに、この時期に唐で作られた仏像、あるいは唐人の仏師が来日して作った像と思われる美術品も今に伝わる。そして何より、唐朝が麟徳《りんとく》二年（六六五）に採用した儀鳳暦《ぎほうれき》を我が国でもこの時期に用い始めている。

これは、何を物語るかと言えば、昭和二十年代前半と同様、この国の人間が戦勝国に行くことはできなかったが、向こうからは自由自在にやって来たということである。『紀』がその事実を隠しているだけの話。決して、唐の法律や制度や習慣や仏像や暦などが、勝手に海を渡ってきたのではない。「人間」と共に、やって来たのである。

天皇の意思より強い超権力の存在

天武政権の内部が揺れ動き、民心も安定しなかった六七五年、さまざまな処罰や恩賞を施すという狭間を縫うように、「唐人三十口」が筑紫から送られたということは先にも触れたが、この唐人たちが都に入って四日後、突如として「諸王以下初位以上、人毎に兵を備えよ」という勅宣が出された。時の兵政官の長は、唐のヒモがついている栗隈王である。当然、これは唐側と栗隈が協議した上での措置である。

諸王以下の官人に兵を備えよというのは、手っ取り早く言えば「再軍備せよ」との下命である。この頃、人心に不安はあっても国内に戦争の火種はない。従って、これは新羅の半島統一戦争で唐の勢力が駆逐されつつあったのに備え、新羅を牽制するために唐側が要請乃至要求してきた再軍備だ。これまで日本の軍備に目を光らせ、リモコンの兵政官長に掌握させていた唐側が方針を一変し、「諸王以下の……」という勅宣を出させたのは一にも二にも対朝鮮政策以外になかった。

歴史は繰り返すと言うが、一九五〇年、北緯三十八度線に火を噴いた朝鮮戦争に際し、それまでに永久不戦を誓った憲法を作らせ、日本の武装を解除したままであったアメリカが、一転して警察予備隊―自衛隊の設立を迫った状態に似て、大国のご都合主義はいつの世にも罷り通るらしい。

おかげで新羅は、背後の日本に神経をつかうこととなる。統一新羅が鴨緑江まで進み得ず、大同江以南の線で留まったのはこのためと言ってよいだろう。翌年六月、一応の再軍備を行って栗隈が死ぬと、摂津職を設けて丹比麻呂が大夫となり、同じ頃一族の丹比島《たじひのしま》が筑紫大宰に赴任する。ただし、こちらの方は率《そつ》または帥ではなかった。ついでまでに記すと、大宰府には、栗隈が中央政界に転じて以来、率または帥に任じられた者はいない。この丹比島にせよ、配流された屋垣王にせよ、あるいは後の粟田真人にせよ、いずれも筑紫大宰の誰それと書かれているだけである。大宰府にその長官である帥が復活するのは持統三年(六八九)、河内王が任命されたときであるから、実に十四、五年もの間長官不在となっていたのである。

また、栗隈王の死後、兵政官の長に誰がなったかも不明のままである。彼がそれに任命されたとき、次官に相当する大輔となったのが大伴御行《みゆき》であるので、おそらく御行が代行したのであろうが、この御行はのちに弟安麻呂とともに持統朝で大納言にまで昇っている。これまた、唐機関の信任を得ていたのであろう。

大臣も置けず、御史大夫(大納営)も置けず、また大宰の帥も任命できず、兵政官の長すら後任者を指名できなかった天武は、国内的には先帝天智系を無視できないというジレンマを抱え、心中の不安を払拭し得ないまま神仏に祈るばかりであった。そこで、かつて天智が太政大臣大友皇子を中心に結束を固めさせようとした故智に倣い、草壁・大津・高市・河島・忍壁・芝基の六皇子を吉野宮に集め、鸕野皇后とともに和合と結束を盟約させた。このうち、河島と芝基は天智の皇子であり、天武の子でも長・弓削・舎人・穂積・新田部・磯城らは含まれていない。即位七年(六七九)五月のことである。

しかし、天智のそれは大友皇子を太政大臣とした後に、政権の中枢を担う左大臣蘇我赤兄・右大臣中臣金・御史大夫蘇我果安・巨勢人・紀大人を集合させ、結束を求めたものだったから政治的意味合いもあったが、今回のはただ漠然と成人に達した皇子の肩を抱き寄せただけのもので、その二年後に立太子する草壁をも含み、政治的発言力は何もない人たちを集めたにすぎない。

草壁は六八一年二月、皇太子となって「万機を摂令す」となるが、そのまた二年後の六八三年二月には、どういうわけか「大津皇子、始めて朝政を聴す」と異母弟に取って替られる。皇后鸕野の生んだ嫡子が、皇太子のまま政治の面から遠ざけられたのだ。といっても、鵜野の姉大田皇女が生んだ大津も、やはり天智の血を引く男子である。天武崩御と同時に粛清され、生命を断つ。これは要するに、天武が希望し、皇后が期待した後継者をそれ以上の権力が拒否し、次善の策とした大津でさえ認めなかったということではないか。

消された大津に代わって、皇太子である草壁が復活し、皇位を継承するのが当然のはずだが、即位したのは皇后鸕野《うのの》（持統）であって、父帝の殯《もがり》に総指揮をとった草壁も六八九年には謎の死を遂げる。まことに奇怪な結末であった。手足をもがれたに等しく、政治の実務とは関わりの薄い祭祀に専念した天皇が最後に望んだ直系男子への継承も、こうして崩れ去った。天皇の意思を超える超権力の存在、それを私たちは一九四五年以後の二十世紀に見たが、実は千数百年もの昔、厳としてこの国を蔽う〝前例〟があったのである。

限りなき唐化政策

この天武が六皇子を吉野に集めた六七九年という年には、『紀』に出てくるだけでも異常な勅宣が相次いでいる。まず、正月七日、「およそ正月の節に当りて、諸王・諸臣及び百寮は、兄姉以上の親また己が氏長を除きて以外は拝むことなかれ。その諸王は、母といえども王の姓《かばね》に非ざれば拝するなかれ。およそ諸臣も、また、卑しき母を拝むことなかれ。正月の節に非ずとも、またこれに準ず。もし、犯す者あらば、事に随いてこれを罪せむ」というのが出た。

この勅宣の言わんとするのは、「母」である。母の出自が身分卑しい女性であるなら、拝してはならぬとは、まるで人間感情を無視した触令《ふれ》だが、これに違反すると処罰するぞとまで規定した理由は何か――これは明らかに、壬申の乱によって皇位を簒奪した大海人（天武）の正当性を強調したものだ。

すなわち、廷臣の一部や庶民の中に根強い天智系皇統の正統論と大友皇子追慕を断ち切るために、大友の生母が伊賀の采女《うねめ》であり、そうした卑母を持つ者には皇位を継ぐ資格などないと、天武は言いたかったのである。子供が正月の拝礼どころか、日常的挨拶さえするに及ばぬ母、そんな女から生まれた者を尊敬したり追慕するのは間違いだと、この勅宣は処罰までほのめかしたのだ。

メチャクチャな論理である。しかし、そう言わざるを得ないほど、廷内外の空気は天武に批判的であったのである。そして、六人の皇子を集めたのは、おのずから卑母ならざる女性を母とする草壁・大津を上に置き、とりわけ皇后の生んだ草壁の立太子に異論を出させないよう配慮した腐心の策であった。が、これすら敢えなく崩壊したのは先に述べた通りである。

八月には、「諸氏、女人を貢《たてまつ》れ」と、まるで歴代中国の王朝みたいな詔勅が出る。天武自身は、既に相当数の女性を後宮にはべらしており、信心深い祭祀専門の君主であり、また『本朝皇胤紹運録』によっても五十八歳、『神皇正統記』によると六十六歳という高齢者だ（このいずれをとっても、天智より年長だが）。桀・紂を真似る年齢ではない。

とすると、これら諸氏から奉献された女性たちは何処へ行ったのか？　言うまでもあるまい、摂津職の管理する難波の鴻臚館である。それを裏付けるのが、同年十一月の「この月、初めて関を龍田山、大坂山に置き、仍《よ》りて難波に羅城《らじょう》を築く」という記事だ。龍田山は大和川北岸、大坂山はその南岸だが、ともに大和と難波を結ぶ要路に当たり、ここに関所を新設して警戒を強め、さらに廃都である難波に羅城まで築いたのである。羅城とは、羅城門の鬼退治でも分かるように都の外郭を固める城壁や城門を意味する。これは要するに、アメリカ軍の基地整備を日本政府のカネで賄うようなものである。飛鳥浄御原に君臨した天武政権に主体的威容が備わっていたのなら、このような工事は不必要であっただろう。

翌六八〇年四月、今度は「およそ諸寺は、自今以後、国の大寺たる二、三を除き、以外は官司治むるなかれ。ただ、その食封《へひと》ある者は、先後三十年を限り、もし年を数えて三十に満たればすなわち除け」との勅宣が出て、本格的に百済仏教から唐仏教への転換が命じられた。食封とは、寺に対する宮給の食禄だが、これを三十年後には廃止するという令旨である。「官司治むるなかれ」というと、寺院に対する官司の監督や管理から解放されるように見えるが、そうではない。むしろ寺の側からすれば、これまでの庇護を打ち切られるわけで糧道を絶たれるに等しい措置であった。

テレビも新聞もない時代である。人々が大勢集まる所と言えば、お寺ぐらいなもので、マスメディアの最大なものが寺院であったと言ってよい。従って、この寺院に対する措置は一種のマスコミ対策である。ここでヒモつきの僧侶を通じ、大唐さまざまの大衆啓蒙が行われる。百済仏教から唐仏教への転換は、必然的に唐化の道につながり、文字から生活様式、習慣・風俗に至る唐化が加速した。のちにやって来る鑑真和上の唐招提寺は、宗門の最高権力を鑑真が握った点にも見るように、この転換政策――実はマスコミ対策――の完成図と言えなくもない。

しかも、こうした唐化政策は天武の次の持統朝にまで持ち越していく。

第六章　藤原不比等の登場

雌伏十七年

天皇家を除き、千年以上もの長期にわたって特権的地位を保った家系は、鎌足に発した藤原氏以外にない。なにしろ、二十世紀の悲劇を生んだ宰相近衛文磨に至るまで、藤原一門は常に皇室の藩塀として存続し、この国の人々を支配と被支配の関係に分けた場合にはいつの世にも支配階級に属してきた。これは、まことに見事と言うほかはない。

といっても、その特権的地位は家祖鎌足が築いたのではなく、次の不比等によるものと言える。なぜならば、鎌足はあまりにも大智帝に密着し、股肱の臣でありすぎたので、壬申の乱後その一門は政治の面から完全に干《ほ》し上げられ、わずかに中臣大嶋が神祇官として祭祀に携わっていたに過ぎないからだ。これは中臣氏が神祇を司る家系であったためで、のちの和銅元年（七〇八）に中臣意美麻呂が神祇伯となったのもこの故による。

藤原・中臣一門が政治面で復権したのは、持統朝になって台頭する不比等が登場してからである。そして、文武天皇の二年（六九八）には「藤原朝臣に賜うところの姓は、宜しくその子不比等をして之を承けしむべし。ただし意美麻呂らには、神事に供するによりて旧姓に復すべし」との勅宣が出て、祭政がはっきり分離される。

これは当然、娘宮子を軽皇子《かるのみこ》（文武）の夫人とし、その間に生まれた首皇子《おびとのみこ》（聖武）に帝位を継がせるようになる不比等の画策で、政治を受け持つ藤原氏の棟梁たる地位を確固にした彼の力量を示すものだ。

しかし、不比等自身が持統朝以降を事実上牛耳る権力者となり、藤原氏が廷臣第一の権門にのし上がった理由や背景については、明確にこれを示す資料など何もない。天智の股肱・鎌足の遺孤で天武期にはその影すらとどめなかった不比等が、なぜ持統朝になると急速に力を得たのか？　これは謎である。

鎌足が生前、不比等を田辺史大隅らに養育を託したことは既に述べたが、鎌足死去のとき十一歳、壬申ノ乱当時十四歳に過ぎなかった不比等は、一体どのように成長したのであろうか、おそらく天智―鎌足の勢力を一掃するつもりであった天武朝の目を遁れ、転々としたであろうことは否めまい。といっても、鎌足は保身の術に長けていたので、大友皇子の後宮に「息女」を送り込む一方、大海人時代の天武にも氷上《ひかみの》娘《いらつめ》・五百重娘《いおえのいらつめ》という娘二人を夫人として送り込んでいたから、どちらに転んでもよいような布石は打っており、格別に天武から毛嫌いされる理由もなかったとされ、大海人が東国に向かった際にも「もし大臣（鎌足）生存せば、吾れ、あに此の困《くるしみ》に至らむや」と述べたという（『藤氏家伝』）。

従って、不比等が三十一歳になってようやく『紀』に登場するまで、鎌足直系の彼を薮の中に置いたのは天武ではなく、むしろ天武を担ぐ勢力の側であったと思われる。「公、避くる所の事あり」はやはり事実で、不比等は田辺一族の下で細々と生きていたのだ。しかも、その田辺一族は局地戦で大海人方を破った小隈の例でも分かるように、壬申ノ乱では近江方に与していたのである。陽の目を見るまでに時間がかかったのも当然であろう。

田辺氏の本貫地は、河内飛鳥にあった。現在の大阪府柏原市国分町田辺付近である。近江朝の滅亡後、不比等はこの辺りにいたと見てよい。ここで臥薪嘗胆、十七年の歳月を雌伏して過ごしたわけだ。

不比等を浮上させたもの

天武が天智の正当な継承者であり、主体性を備えた君主であったなら、功臣鎌足の嫡々《ちゃくちゃく》である不比等を日陰に置くようなことはなかったであろう。前記の「大臣、生存せば……」と、鎌足に多少の哀惜を感じていたのならなおさらである。しかし、現実には不比等のフの字も天武期に出てこなかった。これは、ここでもまた天皇以上の権力が存在したことを物語る。天智—鎌足ラインを政治の面から締め出すという基本政策は、絶対不可侵であったのだ。

しかし、英主天智を慕い、鎌足を偲ぶ人々は依然絶えなかった。外圧と国内世論とのジレンマは、天武崩御後に男系男子の継承を排し、天武の皇后ではあるが、れっきとした天智の皇女である鸕野（持統）の即位という形で現れた。だからといって、持統が直ちに鎌足の遺孤・不比等を登用したのではない。彼が廟堂に登場するまでには、朝廷に対するより唐機関への工作が必要なのであった。

この点、田辺の里で成人した不比等は幸運であった。旧難波宮にほど近く、当然、摂津職なる役所にも遠くないし、田辺氏は付近の豪族であるとともに歴代史《ふひと》を名乗る家柄でもあった。しかも、一族の中には遣唐使帰りの田辺史鳥もいた。従って、不比等の政治的復権には一族、とりわけ鳥が唐関係に働きかけるところが大きかったであろう。しかし、不比等が三十一歳になるまで何をしていたかは、『紀』にも『家伝』にも説明がない。

摂津職の大夫は皇別《こうべつ》の貴族丹比公麻呂だが、その実務は遣唐使帰りの吏僚が取り仕切ったであろう。とすれば、孝徳期の六五四年に派遣された田辺史鳥あたりは草分け的長老である。摂津職内で指導的役割を果たす地位にあったと考えてもおかしくない。私の推論では、この田辺史鳥らの工作で不比等はまず摂津職内に職場を得、唐機関の信頼を獲得したのち持統朝に送り込まれたのではないか？　逆に言うなら、唐機関をバックに彼は廟堂入りしたのである。

これは、格別に珍しいことではない。二十世紀の敗戦後でも、戦犯から一転してアメリカの信任を得て首相になり、六〇年の改定安保を強引に批准するという役割を演じた人物もいたぐらいだ。二代目の不比等が、外勢を背景に辣腕をふるう時代があったとしても不思議ではない。『紀』をはじめとする史書が、こうした実情を完全無欠なほど隠蔽しただけの話である。

彼が『紀』に初めて現れるのは持統三年（六八九）二月、竹田王・土師根麻呂・大宅麻呂ら九名の中に名を連ねて、判事《ことわるつかさ》に任命されたときである。官位は皇族である竹田王の浄広肆を別として、土師や大宅と同じ直広肆である。その他の五名は、それより低い務大肆に過ぎない。つまり、判事団では第二位を占める地位だ。これまで何ら実績のない者なら、こうはいかない。このとき不比等三十一歳、史書には登場しなかったが、かなりの仕事をこなしてきたと考えてよい。

余談になるが、藤原氏の血脈には門祖鎌足から二十世紀の近衛文麿に至るまで、オポチュニスト的性格が流れていたようだ。勿論、不比等も例外でない。いや、彼こそ典型的オポチュニストであったと言える。藪の中の三十余年を経て、政界に登場した不比等は、みるみるうちに廟堂の第一人者にのし上がる。これは単なる親の七光りや、持統女帝の特別な庇護を受けていたからとだけでは片付けられない。より強く、もっと圧倒的な背景に支えられていたと見なければなるまい。

天武も持統も期待していた草壁皇太子が即位できず、原因不明のまま急死したのが持統三年四月、寄しくも不比等が『紀』に登場した二か月後である。その後、皇太子不在のまま七年を経た持統十年（六九六）、天武の第一子高市皇子が死去した。ここで初めて持統女帝は、後継の皇太子を定めるべく衆議に図った。このときの会議については『懐風藻』に詳しいが、「衆議、紛紜《ふんうん》なり」となった。それは、そうである。なにしろ、天武には前にも書いたように皇子（男系の男子）が大勢いる。しかも、廷臣らが正系とする天智の皇子もおれば、大友皇子（弘文）の子もいる。誰が皇太子になってもそれ相当の理屈はつくのである。

このとき、葛野《かどの》王が立ち上がった。

「我が国家の法たるや神代以来、子孫相承けて天位を襲《つ》げり。もし、兄弟相及ぼさば則ち乱此より興らむ。仰ぎて天心を論《かた》らうに、誰か能く敢えて測らむ。しかして人事を以て推さば、聖嗣自ずから定まれり」

ゴチャゴチャ言うな――と、彼は叫んだ。葛野とは、なんと大友皇子の長男である。従って、「神代以来、子孫相承け」が正当な皇位継承法で、「兄弟相及ぼす」のは間違いであって、騒乱の基もここから発するというのは痛烈な皮肉と言えなくもない。ところが、女帝は大いに喜び、特に正四位を授け、式部卿に任じたとあるから、これはさらに皮肉である。そして、この一言によって草壁の子軽皇子の立太子が決まった。持統にとっては、まさに「子孫相承け」である。ついでまでに言うと、「神代以来、子孫相承け……」などというのは事実に反する。

しかし、この物語には、当時の宮廷内の空気が反映している。というのは、天武の王朝から見ると葛野王は本流でない。ところが、彼が発言した後、天武の子弓削皇子がこれに異議を「言うこと有らまく欲《ほ》りす」と述べようとしたものの、葛野王が一喝したので「すなわち止みぬ」と、黙ってしまったのである。

傍系の王が、直系の皇子を怒鳴りつけて沈黙させた、これは要するに廷内での力関係が天智系を上とする空気に包まれていたということだろう。もしかすると、「子孫」を是とし、「兄弟」を否とする葛野王の本心は天智―大友―自分と続くのが正解だが、ここは百歩譲って天智―鸕野（持統）―草壁―軽（文武）を支持し、天武系の皇子らの発言は認めないという意思の表明であったかもしれない。だから、天智の娘持統女帝は彼を優遇したと思われる。そして、唐の機関に対しては天武の孫であることを強調し、廷内には天智の娘である自分の孫であるとの論旨を貫く方針で女帝は臨んだのである。

皇位任免の権は誰にあったか

だが、しかし、こうした軽皇子擁立には、女帝一人の才覚とは考えられない節がある。これまた、私の独断と偏見に類するかもしれないが、唐の機関を説得し、廷内の根回しにも念を入れたのは、どうやら藤原不比等であったとしか思えない。なぜなら、この頃の不比等は既に絶大な発言力を持ち、皇位の継承についてさえ無視できない存在となっていたからだ。如何に鎌足の子とはいえ、ぽっと出の一官僚にそれほどの権力把握が可能なはずはない。明らかに、女帝を凌ぐ超権力を背景にしていたのである。

それを証明する記録が『東大寺献物帳』にある。黒作懸佩刀《くろつくりかけはきのかたな》という一本の太刀に関わるものだ。

黒作懸佩刀一口　天平勝宝八年（七五六）東大寺献物帳

右　日並皇子常所佩持　賜太政太臣　大行天皇即位之時　便献　大行天皇崩時　亦賜太臣　太臣薨日　更献　後太上天皇

これはつまり、日並皇子（草壁）が常に佩いていた刀を不比等が貰い受け、大行天皇すなわち文武天皇（軽皇子）が即位する際に献上したが、同天皇が崩御したときまた不比等の手元に戻り、不比等が死去した日に今度は聖武天皇（首皇子）に献じたという記録である。太政大臣にもう一つ点を加えて「太臣」となっているのも、いささか気になるが、不比等はやはり並みの大臣なんかでなく、点を一つ二つ加えてもよい存在だったのだろう。

まあ、それはともかく、草壁─不比等─文武─不比等─聖武と黒作懸佩刀の授受が繰り返されたのは、どういうことか。古来、君主が臣下に太刀を授けるのは最大の信頼、ときには後見依頼の証とされ、臣から君に奉るのは絶対服従の証とされる。ただし、これらの行為は通常一回限りであって、何度も刀が往復する例はあまりない。しかも、時代は女帝濫造の世紀である。その間を縫うように即位した男の天皇に、不比等は刀を与えては返還させ、また与えるということを繰り返しているのだ。当然、『献物帳』では授けたのが皇太子か天皇、恭しく捧持したのが不比等のように記しているが、実は逆である。皇位継承者として不比等が認めた者にのみ、この太刀は贈られている。不比等というより、不比等にその権能を与えた何者かがそうさせているのである。死後太政大臣になったとはいえ、不比等個人はあくまでも廷臣である。臣下が皇位継承についての任免などできない。

しかも、こうした太刀の授受を伴う皇位継承の慣習は、不比等一代で終わってはいない。不比等の孫雄田麻呂からその子緒嗣にまで続いている。天皇で言うと桓武帝（七八一〜八〇五）の代である。『続日本後記』に言う。

「これ、汝の父の献ぜしところの剣なり。汝の父の寿詞、今に忘れず、一度想像するごとに覚えず涙下る。今、汝に賜う。宜しく失うことなかれ」

これは、延暦七年（七八八）春、桓武天皇が藤原緒嗣に下した言葉である。緒嗣の父とは雄田麻呂（百川）であり、不比等の三男宇合《うまかい》の子である。つまり、少なくともこの間は不比等─宇合─百川─緒嗣と続く藤原式家に天皇の任免権があったと言っても過言ではない。桓武（山部親王）の立太子には、百川が大いに力を尽くしている。不比等の長男武智麻呂が南家、次男房前が北家、四男麻呂が京家と呼ばれたのに対し、宇合のそれを式家と呼んだのは、こうした権限を相続したからではないか。

大女帝武則天の投影

草壁皇太子の急死は、先にも記した通り不比等が『紀』に登場した持統三年（六八九）の四月であるから、不比等が黒作懸佩刀を受けたのはそれ以前のことで、判事に任命されるかどうかの時期に早くも彼は草壁と接近していたということになる。如何に鎌足の子とはいえ、天武期には蚊帳の外に置かれ、なお無名に近い彼が皇太子とそれほど親密になるとは異常である。やはり、なんらかの肩書と権能を備えていたと考えなければならない。しかも、その肩書と権能とは朝廷から与えられたものではない。

持統女帝が藤原宮の造営を高市皇子らに命じたのは、不比等が登場した翌年、つまり称制皇太后から正式に即位した年の十月であった。天武期に沈滞していた政治の面も、この前年あたりから急速に活発化する。まず、称制三年の動きを見よう。

二月　不比等らを判事に任命　筑紫防人の任期を三年とする
四月　草壁皇太子急死
五月　新羅使を叱費
六月　伊余部馬飼・巨勢多益須らを善言撰司に任命　諸司に令一部二十二巻を頒布
七月　諸国に弓の練習所を設ける
八月　摂津・紀伊・伊賀などの漁猟を禁止
閏八月　諸国司に戸籍編成を命ず　河内王を筑紫大宰の率とする
九月　石上麻呂・石川虫名を筑紫に派遣、位記を送る
十一月　双六遊びを禁止

これらのうち、九月の筑紫に勅使を派遣して位記《くらいのふみ》を送ったという記事だが、誰と誰にどのような位階を贈ったのか分からない。普通は、叙爵者の氏名を記しているのに、この場合にはそれがない。これは多分、大宰府にある唐人、そして旧倭国の官僚が対象であったのだろう。また、六月の善言撰司《よきことえらぶつかさ》の任命は、伊余《いよ》部馬飼《べのうまかい》をはじめ当代錚々の文化人をえりすぐったことから、念願の史書編纂と律令制定に乗り出すための人事と思われる。因みに馬飼は浦島説話の作者、多益須《たやす》や調老人《つきのおきな》らも馬飼とともに『懐風藻』を編んだ人たちである。諸司に令一部二十二巻を頒布したというのは、やがて完成する大宝律令の撰定に向けての準備である。

そして翌四年、すなわち女帝即位の年である。

正月　即位　解部百人を刑部省に併す（解部とは裁判官のようなもの）

四月　朝服を制定

七月　公卿百寮、新しい朝服を着用

九月　戸籍編成には戸令によれとの詔勅

十月　高市皇子に命じ、藤原宮の地を調査

十一月　元嘉暦と儀鳳暦を採用

いよいよ唐化政策の推進である。このうち儀鳳暦というのは、唐の麟徳二年（六六五）に李淳風が作定したもので、正式には麟徳暦と言うのだが、我が国に入ったのが六七六年から六七九年の間であったため当時の唐の年号をとって儀鳳暦という。

先にも記したが、六七六年から九年までとは我が方の天武時代で、『紀』に従う限り、唐から来る人もなければ、こちらから訪唐する船も出ていない頃である。暦だけがヒラヒラしながら勝手に海を渡ってきたことになる。

こうした唐化政策を誰が推し進めたか？　なにしろ持統女帝というのは、吉野詣でにばかり熱心な天皇で、在位十年間に『紀』が記しているだけでも三十回もの行幸をしているのである。政治よりこちらの方が忙しかった。四年五月、高市皇子が太政大臣、丹比島が右大臣となってはいるが、彼らがこれだけの改革を独自に強行したとは思えない。唐機関―摂津職―朝廷、というより、唐機関―丹比麻呂―丹比島という形の勧奨あるいは強制が流され、実質的には唐機関・不比等から持統政権に押しつけられたのである。これは一九四五年以来の二十世紀に、ＧＨＱ（アメリカ）―自民党―国民という形でアメリカナイズ政策が浸透していったのと同様と言ってよい。この間に、中務・式部・治部・民部・兵部・刑部・大蔵・宮内の八省が設けられ、中央から地方に至る官人の大異動が発令された。

考えてもみよう。上は天皇から地方の小官吏までが唐服を纏い、かの国の礼式に従って行き来するさまを――。

「公卿百寮に令し、およそ位ある者は、今後、家の内にて朝服を著け、門を開けざる前に参上せしめよ」

「およそ朝堂の座の上にて親王を見ば、常の如くせよ。大臣と王とには堂の前に起立し、二の王（二代目）以上には座を下りて脆け」

「朝堂の座の上にて大臣を見ば、坐を動きて跪け」

まあ、とにかく、唐直輸入の礼式が次から次に採り入れられた。このうち親王に対してのみ「常の如くせよ」というのは、これまでも親王には格式張った儀礼があったので、従来通りにせよという意味だ。参考までに書いておくが、我が朝の天武末期から文武期にかけて、大唐に君臨したのは中国五千年を通じてただ一人の女帝武則天であった。強烈な個性に忠勤を競う唐の文武官の存在が、目に見えるような日本の変貌と言えよう。

大津皇子の抹殺

天武の崩御は、朱鳥元年（六八六）九月九日であった。その二か月前の七月六日、「天下のこと、大小を問わず悉に皇后及び皇太子に啓《もう》せ」との勅命を出した。が、しかし、これによって皇后の天皇位継承を求めたわけでないことは明らかである。草壁皇太子は既に二十五歳、後継者として十分な資格を備えていた。ただ、三年前の二月から異母弟大津皇子が「朝政聴こしめす」となったので、実務には携わっていなかった。

だから、天武崩御に際して廷臣が推戴しようとしたのは、当然ながら草壁か大津のどちらかであって、皇后の称制を望む意見などなかったと言ってよい。また、先に出された天武の勅命は、草壁の襲位を求めた遺言に等しく、生母である皇后もまたそれを望んだはずである。にもかかわらず、現実には両皇子のいずれでもなく、皇后鸕野が後を継いだ。

しかも、天武崩御の直後である同年十月、「皇子大津の謀反発覚」という事件がデッチ上げられて、哀れ大津皇子は二十四歳で露と消える。天武の死が九月九日、大津逮捕が十月二日、その賜死が翌三日、なんともスピーディー過ぎる結末である。

私は、この事件をためらうことなくデッチ上げだと言うが、その理由は『紀』そのものが提供してくれる。まず、連座したという人々を見よう。八口音檀・壱伎博徳・中臣臣麻呂（意美麻呂）・巨勢多益須・新羅僧行心・礪杵道作《ときのみちつくり》ら三十余人、このうち不比等の一族（再従兄弟）である意美麻呂、そして新羅僧行心が含まれているのは唐機関―不比等と繋がる謀略の糸を感じるが、『懐風藻』によると、新羅僧行心が「太子の骨法、これ人臣の相に非ず、此を以て久しく下位にあらば、恐らくは身を全うせざらむ」と謀反を唆したとする。これは、しかし、唆したのではなく「引っ掛けた」のであって、行心の密告に意美麻呂あたりが口裏を合わせた結果であろう。その証拠に、これら連座した者はほとんど無罪となったばかりか、意美麻呂や多益須などは高位高官に出世している。中心人物の僧行心でさえ、「朕、加法するに忍びず、飛騨の伽藍《てら》に移せ」というだけで済んでいる。見え見えの捏造事件である。

この事件は従来、わが子草壁の地位を脅かす大津に対して、持統女帝が企図したものと解されてきたが、そうではない。それならば大津を消した後、すんなり草壁の即位が実現したはずだ。『紀』は大津について、天武の第三子と前書きして次のように言う。

容止墻岸《かたちさかしく》、音辞俊朗《ことばすぐれ》たり。天命開別天皇（天智）に愛《めぐ》まえたまう。長ずるに及びて、弁《わきわき》しく才学あり、もとは文筆を愛《この》みたまう。時賦の興るは大津より始まれり。

つまり、容貌も態度も立派な貴公子で、文才もあったインテリであり、我が国で詩を創った最初の人である——と書いているのだが、天命開別天皇に薫陶を受けたというのが問題なのである。といっても、持統や草壁が問題にしたわけではない。持統は天智の娘、草壁も大津と同じく天智の孫である。憎んだり、怨んだりする理由にならない。彼を忌避したのは、より強大な存在である。天智の子であっても持統は天武の皇后であり、女性である。大津は天武の子であるが、同時に天智の孫であり、男であった。ここに、彼が抹殺される最大唯一の理由がある。これはしかも、大津に限っての話ではない。持統が生んだ草壁でさえ、例外とはなり得なかった。

大津皇子が横死を遂げたとき、「妃の皇女山辺、髪を被《みだ》し、徒跣《はだし》にて奔《はし》り赴《ゆ》き、殉ず……」とある。山辺皇女もまた、天智帝の娘であった。

またたく間に第一人者の地位確保

この大津抹殺には、なんとなく藤原不比等の影が焙り出される。なぜなら、その後間もなく草壁が太刀を贈り、持統は正式に即位した年の十月、その名も「藤原宮」の造営に着手している。名称だけではない、宮の所在からして藤原氏の屋敷があったところなのだ。しかも、女帝が即位の礼を挙げたのは、藤原宮の建設以前であるので、当然、天武の飛鳥浄御原宮と誰でも思うだろうが、実は違う。『扶桑略記』は、「皇后臨朝称制、丁亥歳を元年となす。第四年に至って即位、大和国高市郡明日香浄御原宮藤原宅に都す」と記し、浄御原内にあった不比等の屋敷を皇居とした旨明らかにしている。従って、四年後に完成する我が国初の定置都城藤原宮は、これを理由に命名された。

物凄い権勢である。朝政に参画して僅かに一年、一介の直広肆《じきこうし》で判事グループに名を連ねたばかりの人物が、自分の家で即位の礼を挙げさせ、事実上の後見者であることを内外に誇示したのだ。これは要するに、天皇を凌駕する権力の背景なしにはなし得る芸当ではない。

しかも不比等は、人脈と血縁の上からも廟堂随一の地歩を固める。藤原氏を皇室の藩塀として、他の追随を許さぬ門閥に仕立て上げるのである。そこで、これまでの通念では、以後の藤原氏の専横はここから発したとするのだが、果たしてそうだろうか？　権勢を得たから専横に走ったというのは当たり前の話で、むしろ問題はその権勢を持統三年（六八九）に出てきたばかりの不比等が短時間で築き得たのは何故か、ということだ。

三年　二月　直広肆不比等、判事となる
四月　草子急死　（それ以前に）黒作懸佩刀を受く

十月　藤原宮の建設開始
八年十二月　藤原宮へ遷都
十年　七月　高市皇子死す　軽皇子立太子
十月　直広弐不比等に資人（従者）五十人
十一年　八月　軽皇太子即位（文武）　黒作懸佩刀献上
同月　不比等の娘宮子入内（夫人）　宮子は首皇子（聖武）の母

『紀』に出現して僅か八年、不比等は皇室の外戚となる。そして宮子が首皇子を生んだ大宝元年（七〇一）には、彼と県犬養三千代との間に光明子が生まれ、これまた聖武天皇となる首皇子の下に送り込まれる。のちの光明皇后である。

不比等の室となる前の県犬養三千代《あがたいぬかいみちよ》は、かの栗隈王の子美努王の妻であった。二人の間に葛城王・佐為王・牟漏女王という三人の子があった。のちの橘諸兄・同佐為と不比等の次男房前に嫁した女性だ。従って、不比等と三千代が美努王の留守中に通じ、不比等が強引に彼女を奪ったとする在来の説には疑問がある。むしろ、美努王の方から進んで妻を提供したのであろう。この時代の人には、こうして誼みを通じることも多かったのである。不倶戴天の仇敵の子に、自分の娘を嫁がせるほど美努王は弱い男ではない。

不比等にせよ、美努王にせよ、そもそもは唐の機関に繋がった人物である。三千代を譲り、娘を藤原一門に入れることによって美努王はエスタブリッシュメントの仲間に加わったと言える。果たして彼は、持統八年九月に筑紫大宰の率となり、大宝元年（七〇一）には造大幣司長官にもなっている。持統八年とは藤原宮遷都の年、大宝元年とは三千代が光明子を生んだ年である。美努王の栄進は、案外別れた妻からのプレゼントだったかもしれない。

天智の制定した不改常典

藤原不比等は、絶対的権力を背景に廷臣随一の地位を確保した。そして、その権力の期待に沿う忠勤を励んだが、最大の苦慮は天智男系の男子を排除し、帝位継承者を選定することだった。といっても、廷内外には天智系を正統とし、天武直系の男子相続を非とする論理が根強く、これを一方的に無視すると騒乱を招く危険性もあり、外勢の圧力を表面にさらけ出してしまうことになる。そこで彼が編み出した苦肉の策が、外と内とに向ける説明の使い分けだ。これは、不比等以後にも藤原氏歴代が踏襲する手法である。

持統	天智の皇女で天武の皇后	天武の妃	天智男系の女子
文武	天武・持統の孫、天智の曽孫	天武男系の男子	天智女系の男子
元明	天智の皇女で草壁の妃、文武の母	天武の子の妃	天智男系の女子
元正	文武の姉、天武・持統の孫、天智の曽孫	天武男系の女子	天智女系の女子
聖武	文武の子、天武・持統の曽孫	天武男系の男子	天智女系の男子
孝謙	聖武の子	天武男系の女子	天智女系の女子
淳仁	天智の皇女新田部と天武の孫	天武男系の男子	天智女系の男子
称徳	孝謙重祚	天武男系の女子	天智女系の女子

こうした内外使い分けのテクニックは、二十世紀にまで受け継がれ、強弁詭弁と言うか怪弁奇弁と言おうか、とにかく牽強付会を旨とする官僚の得意芸になっている。例えば、あの核三原則なるマヤカシである。「作らず、持たず、持ち込ませず」と言えば聞こえはよいが、アメリカ艦船は核兵器を搭載したまま横須賀や佐世保に入港し、持って来たかどうかは一切ノー・コメント、これに対して政府官僚は、事前協議

が開催されない以上、持って来ていないと「信じます」と言うばかりのパターンがそれだ。

かくて、天智系にもなれば天武系にもなる、しかし、天智男系の男子であってはならないという皇位継承が、西暦七七〇年、天智男系の男子である光仁帝の即位まで続くのである。白村江の敗戦から実に百七年間、それはしかも日本国民の主体的活動というより、安禄山・史思明らの「安史《あんし》の乱」（七五五〜六一）によって大唐帝国の屋台骨が揺らぎ、東方政策にまで手が回らなくなった結果にほかならなかった。

こうした皇位継承に関する理屈を使い分ける成文として、内側に向けて用いられたものの一つが天皇自身が述べる「宣命」である。持統十年（六九六）十月、衆議紛紜《ふんうん》する裡に立太子が決まり、翌年八月即位した文武天皇の宣命を見よう。

高天原に事始めて、遠天皇祖《とおすめろぎ》の御代御代中今に至るまでに、天皇が御子のあれ坐《ま》さむ弥《いや》継ぎ継ぎに、大八嶋国知らさむ次次《つぎて》と、天つ神の御子ながらも、天に坐す神の依《よ》さし奉りしまにまに、聞しめし来るこの天つ日嗣高御座《たかみくら》の業《わざ》と、現御神《あきつみかみ》と大八嶋国 治《しろしめ》す倭根子天皇命《やまとねこすめらみこと》の、授け賜い負わせ賜う貴く高く広く厚き大命《おおみこと》を受け賜り恐《かしこ》み坐して、この食国《おすくに》天の下を調《ととの》え賜い平げ賜い、天の下の公民を恵み賜い撫で賜わむとなも、神ながらも思わしめさくと詔し賜う天皇が大命を、もろもろ聞こし食《め》さえと宣す。

ここで注目しなければならないのは、「大八嶋国治す倭根子天皇命」によって大命を授けられたと述べていることだ。たしかに、文武天皇は祖母持統女帝から譲位されたのだから、ここで言う倭根子天皇は持統を指すものと解釈されてもおかしくない。

持統女帝は大宝二年（七〇二）十二月二十二日に崩御し、翌年十二月十七日に「大倭根子《おおやまとねこ》天之《あめの》広野《ひろぬの》日女《ひめの》尊《みこと》」と諡《おくりな》されている。従って、これは誰が読んでも持統のことと解釈できる。

『紀』、『記』編纂の過程で、歴代天皇の和風諡号が定められ、七代孝霊に大倭根子日子賦斗邇命、八代孝元は大倭根子日子国玖琉命、九代開化に若倭根子日子大毘毘命というように「倭根子」の和名が追贈されたが、崩御の直後に付けられたのは持統が最初で、これはその後の文武（倭根子豊祖父）・元明（日本根子天津御代豊国成姫）・元正（日本根子高瑞浄足姫）というように続く「ヤマトネコ」の第一号と言える。

しかし、この宣命に出てくる倭根子天皇には、ただ単に持統を指すのではなく、実はその父天智を意味することが隠されている。つまり、高天原以来の皇統は天智系をもって正統とする、廷内外確固不抜の認識が込められているのだ。その事実は、文武の次の元明女帝の宣命でよりハッキリする。

かけまくも威《かしこ》き藤原宮に天の下しろしめしし倭根子天皇丁酉の八月に、この食国天の下の業を日並知皇太子（草壁）の嫡子、今、天の下しろしめしつる天皇に授けたまい、並び坐してこの天の下を治めたまい、諧《ととの》えたまう。こはかけまくも威き近江の大津の宮に天の下しろしめしし大倭根子天皇の天地と与《とも》に長く、月日と共に遠く、改むまじき常の典《のり》と立てたまい敷きたまえる法を受けたまわりて行いたまうことと、もろもろ受けたまわりて、恐《かしこ》み仕え奉りつらくと詔したまう命をもろもろ聞《きこ》しめさえと宣す。

ここでは持統女帝を「倭根子天皇」と呼ぶとともに、近江の大津宮にいた天智天皇に対して「大倭根子天皇」と崇め、その天智帝が定めた「不改常典」の存在を明記する。改むまじき常の典、すなわち「不改常典」とは、皇位継承に関する根本法規で、永久に改定及び廃棄を認めぬというものである。

これは何を意味するか――天智の定めた皇室典範によってのみ、天皇位の継承ができるということだ。そこで、天武の即位に疑義を持たない学者あたりは、文武の宣命が不改常典に触れていないことをもって、この改むまじき常の典は天武が制定したのだろうとか、例の軽皇子（文武）を皇太子とするとき衆議紛紜となったのはこのような典範がなかったからだとか、元明以降の各天皇がなぜ不改常典を掲げたのかという説明もないまま勝手なことを言っている。

だが、しかし、天智がこの不改常典を定め、皇統の正しい継承を宣したことは、当時の大海人はもとより廷臣一同の知るところであった。だからこそ、門外の勢力を背景に割り込んだ天武の系統を排し、天智の系統であることを示さない限り、国内的な支持が得られなかった。高市皇子の死後衆議紛紜したのも、これを破って天武系皇子を担ごうとした者と、あくまで不改常典を厳守しようとした側との争いである。

では、なぜ、文武の即位宣命には「不改常典」の存在が記されなかったか、と言うかもしれない。文武が帝位に就いたのは六九七年、このときはまだ唐機関の干渉が強かった。正面切って天智の名を出せる時期ではない。だから苦肉の策で、持統を「現御神と大八嶋国しろしめす倭根子天皇命」と表現した。この場合の現御神とは、明らかに天智を指し、倭根子天皇にも二重の意味を込める。衆議紛紜の際、大友皇子(弘文)の子葛野王が「神代より以来、子孫相承けて……」と主張したのは、実にこの典範が頭の中にあったからで、天武系の皇子に発言を許さなかったのは、祖父天智の制定した不磨の大典を死守すべきだとの認識に基づくのである。

従って、持統は天智の娘、次の文武は孫、その後の元明は持統と同じ天智の娘で文武の母、次の元正も文武の同母姉だから天智の孫という立場で即位した。以下、聖武は文武の子、孝謙(称徳)は聖武の子、淳仁も舎人親王(天武の皇子)の子というより母が天智の娘新田部皇女であったので、これは天智の孫であって文武や元正と同じ立場にある。これらの諸天皇は、いずれも「淡海の大津宮に天の下しろしめしし倭根子天皇の不改常典」に従って即位したという宣命を出している。

こうした天皇位の推移を眺めると、近江朝を倒した天武を除いて、持統以後の歴代はすべて天智系であることを対内的に表明しており、それも文武はやや漠然と、元明以降は明確に成文化しているのが特徴で、遂には天智直系の光仁即位となるわけだが、そこに至る背景に武則天なる稀代の女傑が死んで以後、急速に衰えをみせる唐帝国の光と影が明滅する。女帝武則天の死は七〇四年、天智の不改常典を公式に打ち出した我が元明の即位は七〇七年である。だからといって、日本の自主性回復が急激に進展したのではない。一種の惰性にも似て、大唐の動向に一喜一憂しつつ独立国の体裁を整えていくのである。この点は、経済大国を自称しながらなお内政干渉的なアメリカとの構造協議を経なければ国内の改革すらできない二十世紀の状況にそっくりだ。

不比等の藤原氏は、こうした状況の中で独自の権勢を築き上げていく。

第七章　律令にも唐の影

新憲法「大宝律令」の制定

持統天皇は、存命中に軽皇太子への譲位を行ったが、「並び坐して、この天の下を治めたまい、諧《かな》えたまう」という立場をとった。これは、軽皇子がまだ十五歳の少年であったため、太上天皇として政治の大権を握り続けたということだが、必ずしもそれだけの理由からとは言い難い。

なぜならば、この時期の太上天皇はのちの上皇に相当し、天皇が成年以上の年齢であっても権力は放さない――というより、むしろ従前同様の存在であり続けたからだ。この点は皇極女帝が孝徳帝に譲位し、すべての大権を手放したのと全く異なる。

たとえば、文武の後の元明が元正に譲位して太上天皇となったとき、新天皇は既に三十六歳、その元正が聖武に譲位した際にも新帝は子供でなく、二十五歳に達していた。これは要するに、どこかで誰かが天皇の適否を見定めていたということだ。言うなれば天皇見習い、俗世間で言う試用と言ってもよい。特に男帝の場合、この制度は有効に作用した。孝謙の後の淳仁が廃帝となったのは、その現れである。

ついでまでに記すと、文武の太上は持統、聖武のそれは元正、淳仁の場合も孝謙というように、男帝の上に必ず女帝が目を光らせ、さらにその背後から藤原氏―唐機関が見守るという仕組みになっていたのは見逃せない。「政事《まつりごと》は、常のまつり小さき事は今の帝（天皇）行い給え、国家の大事・賞罰ふたつの柄は朕（太上）行わむ」とは、淳仁を廃した孝謙の言葉である。国家の大事とは、当然ながら軍事や外交を含む。従って、持統が我が国初の太上天皇となったのは、幼帝を補佐するという意味より、彼女による後見を条件として軽皇子の即位が認められたと解する方が正しいであろう。これまでなかった太上制の導入は、改めて唐権力の介在を物語る。この頃の唐では、何度も書いたように武則天（則天武后）が絶対権を握っており、高宗の死後自ら立てた中宗、睿宗というわが子でさえ廃帝として配流した。彼女は、太上皇帝以上の存在なのであった。

しかも、こうした太上制は、前漢この方、後涼・後魏・北斉・後周の例をうけ、唐朝でも初代高祖が太上皇帝となっているから、この制度の導入自体が唐直輸入と言える。だからこそ、唐機関―不比等―持統のラインで、文武即位の条件として我が国初の太上天皇が出現し、大宝令・養老令でも成文化されるに至るのである。

藤原不比等は、草壁皇太子から受けた黒作懸佩刀を軽皇子に授け、ようやく持統の期待に応えた。同時に少年天皇の下に娘宮子を送り込み、唐機関の代理人としての権勢をも把握する。「藤原朝臣に賜うところの姓は、宜しくその子不比等をして之を承けしむべし」との勅宣が下ったのは文武二年（六九八）、ここで彼は名実ともに藤門の棟梁となる。そして、律令制定の作業が始まったのが文武四年、これの名目的総裁は忍壁皇子だったが、実務者の筆頭は彼不比等である。大宝律令が唐の法制を焼き直しただけのシロモノになったのも当然である。撰定委員は忍壁・不比等のほか、粟田真人・下毛野古麻呂・伊岐博得・伊余部馬養・薩弘格・土部甥・坂合部唐・白猪史骨《しらいのふひとほね》、黄文備・田辺史百枝・道首名《みちのおびな》・狭井尺麻呂・鍛造大角・額田部林・田辺史首名・山口伊美伎大麻呂・調伊美伎老人《つきのいみきおきな》らであった。このうち傍線の十四人は渡来系の人々であり、伊岐博得は大津皇子事件の連座者、二人の田辺史氏は不比等と因縁浅からぬ人物である。また、薩弘格はれっきとした唐人であった。

公布よりまず唐朝への奉献

大宝律令は文武四年（七〇〇）六月十七日、前記の撰定官が任命されて開始されたかのような印象を与えるが、実はその三月前の三月十五日、「諸々の王臣に詔して、令文を読習せしむ、また律条を撰成す」と『続日本紀』にある通り、令の原文を諸王諸臣に読習させ、その罰則とも言える律条を定めている。諸王諸臣が改めて読習したのであるから、これは在来の浄御原令などではない。新しい律令の原文である。ということは、誰かがどこからかそれを持ってきたということだ。どこからということはない、それは唐の法令以外にない。

これをまず、権力中枢の王や官僚に読習させ、ほぼ理解できた段階で撰定官が任命されたのである。そして、成文化したのが翌大宝元年（七〇一）八月、施行は二年十月である。この間に一年以上の歳月が流れている。この大宝元年一月二十二日には、粟田真人を執節使とする遣唐使団の任命が行われ、同年五月出発の予定であったが、これまた一年後の二年六月二十九日に出発した。「風波が激しかった」ので延期したというのだが、これはウソだ。翌年の六月に出られたのに、その年の六月や七月はダメということはない。季節風は、毎年同じ時期に吹くのである。

これは、唐の法制を丸写し同然にした律令ではあっても、五月までにできる予定が三か月ほど遅れたためである。使節団の筆頭粟田真人は、不比等に次ぐ撰定官の中心人物だ。しかも、天智天皇の六六九年以来三十三年ぶりの遣唐使は、そのメインの任務とするのは後の『宋書』が記すような「唐に入り、唐籍を求めしめ、律師道慈に経を求めしむ」という呑気なものでなく、実は新律令を唐朝に奉献するためにほかならなかったのだから、季節風が逆に吹く八月に完成した以上、翌年に延期せざるを得なかったのである。当然、唐朝に奉献した後の二年十月まで全国への頒布も延ばされた。従って、遣唐使出発の一年延期と律令施行の一年延期は不可分な関係と言ってよい。

日本国内に施行する法令は、本来、朝廷の判断だけで撰定したり公布したりできるものだが、この大宝元年から二年にかけての動きを見ると、やはり唐朝への奉献が第一義とされており、その理由は原文の出所や撰定に至る過程からして無理からぬことでもあったのだろう。そして、このように眺めてくると、元年三月の諸王諸臣に対する読習それ自体、大筋において原文をそのままを押しつける方針だったことを裏付けよう。それの証拠に、全国一斉の施行こそ延期したが、朝廷内部では遣唐使任命から間もない七〇一年三月二十一日、大宝の年号制定とともに新令に基づく官位を発令し、左大臣正二位多治比嶋・右大臣従二位阿部御主人、大納言正三位石上麻呂・同大納言正三位藤原不比等・同大納言従三位紀麻呂らの任命が行われた。

ところが、この年七月二十一日、左大臣多治比嶋が死んだ。それより前の一月十五日には大納言大伴御行が死んでいる。これら老高官がいても、実質的には不比等が実権を握っていたのだが、彼らの死で不比等の上には二十四歳も年長者である右大臣阿部御主人だけしかいなくなった。彼と同格の石上麻呂も既に六十二歳、十九歳も上の老齢であった。ここに藤原不比等は、名実ともに廟堂の第一人者となる。

養老令制定の前の遣唐使

大宝二年の遣唐使団は粟田真人を執節使とし、最初は大使が高橋笠間《たかはしのかさま》、副使坂合部大分《さかいべのおおきだ》であったが、出発のときには坂合部大分が大使、副使には巨勢邑治《こせのおおじ》がそれぞれ昇格し、首席である真人は慶雲元年（七〇四）七月に帰国するが、副使巨勢邑治はその後三年も長逗留して同四年（七〇七）に帰り、大使坂合部大分に至っては文武・元明両帝の後、即位した元正女帝の養老二年（七一八）の年末になって帰国する。実に十六年間も滞唐していたわけだ。

これは、どう考えても異常である。通常、外国に派遣された使臣団というのは、用事が済めば一緒に帰ってくるものだ。執節使真人だけ先に帰し、副使は五年間、大使は十六年もの間、徹底的に唐化政策を叩き込まれたと解さざるを得ない。その証拠に、大使大分が帰国したのは前々年に派遣された多治比県守らの遣唐使団と一緒だが、驚いたことに帰朝した一行は、一月十日、唐服を着て参内し、天皇に拝謁している。そして、のちに養老令と呼ばれる律令の撰定が始まる。

といっても、この新令が公式に施行されたのは天平勝宝九年（七五七）で、不比等の孫仲麻呂が上奏してからのことと『続日本紀』は言う。しかし、大宝令のときと同様、それ以前に宮中内部では同令に沿った規定を実施しているから、撰定作業は多治比遣唐使団が帰国した直後に開始されたと見て差し支えない。

新令に規定した官人の把笏《はしゃく》は、養老三年三月に始まった。笏とは、二十世紀末になっても天皇家の行事に必ず登場するあの束帯姿に両手で持った平板のような道具である。ときには、神社の神主も持つ。

養老律令の編纂について、『続紀』は詳細に記さない。しかし、その作業に従った矢集宿禰《やずめのすくね》虫麻呂《むしまろ》・陽胡《やこの》史《えびと》真身《まみ》・大倭忌寸《やまとのいみき》小東人《こあずまひと》・塩屋連《しおやのむらじ》吉麻呂《きちまろ》・百済人成《くだらのひとなり》らに「律令を撰する功」で功田を与えたのが養老六年（七二二）であるから、この前後に新令は出来上がったのであろう。従来の所説では、養老二年の完成とするのもあるが、私は採らない。なぜならば、前回の大使坂合部大分や次に派遣された遣唐使団の帰国が養老二年（七一八）の年末であり、先に記した唐服での参内は年を越した三年の正月であったからだ。

従って、彼らが持参した唐の開元三年令のうち、把笏の制などはすぐに採用したが、その成文化にはもう少し時間を要した。不比等は帰国した使臣団から武則天亡き後の唐朝の状況や開元令の詳細について検討を加えたに違いない。開元三年とは西暦七一五年、我が元正女帝の即位元年で霊亀と年号を変えた年である。

養老令は唐の玄宗が即位し、いわゆる開元の治を開始して制定された三年令を原本とする。こうした情報は、勿論唐側から不比等にもたらされていたので、不比等は霊亀二年八月に大規模な遣唐使団を編成し、翌三年春出発させた。この年十一月十七日改元して、養老元年となる。だからこの年の遣唐使は、一年半ぐらいで往復したことになる。

不比等は、律令国家の確立を急いでいた。それは、隣国新羅が半島の統一を完成し、六九〇年頃には一応の法整備を終え、近代国家の体裁を整えつつあったことに起因する。だから彼は、この度の派遣使に執節使多治比県守、大使大伴山守《おおとものやまもり》に添えて副使として三男宇合《うまかい》を加えた。そして総員五百五十七名という大使臣団の中には、法制の専門家とも言える大和長岡や僧玄昉、吉備真備、それに阿部仲麻呂も含まれていた。このうち玄昉と真備は、天平六年（七三四）まで滞唐する。しかし、この段階で不比等が最も期待したのはやはり我が子宇合である。当時、長男武智麻呂は既に近江守となっており、次男房前も従四位下の官位を得ていたが、これまで正六位下に過ぎなかった宇合が遣唐使任命の直後従五位下に二階級特進する。あの黒作懸佩刀授受の任が武智麻呂の南家や房前の北家でなく、彼宇合の式家に受け継がれ、子百川《ももかわ》―孫緒嗣《おつぐ》へと伝わったのも、このとき宇合が直接唐朝に接したためかもしれない。

この年の遣唐使団には、奇異なことがある。任命が霊亀二年八月二十日、その六日後に宇合の二階級昇進、九月四日には当初大使であった阿部安麻呂を大伴山守と入れ替え、翌三年三月九日に押使多治比縣守《たじひのあがたもり》に節刀《せっとう》を与え、四隻の船で出発させることになったのだが、その前の二月一日、使臣団は「蓋山《かさやま》（三笠山）の南に神祇をまつる」と航海の無事を祈念したことが記録されている。三笠山とは春日神社のある所、春日神社は藤原の氏神である。当時既に同社があったかどうかは不明だが、多分建てられていたのであろう。ほかに一路平安を祈るような場所はない。

こうなると、遣唐使とはまるで藤原不比等の使いだ。天皇が派遣するのではなく、藤氏が唐朝に「方物を献ず」のである。ここにおいて藤氏は、まさに唐氏であった。

従属国の遣唐使

『旧唐書』が倭国伝と日本国伝とに分け、倭国を古《いにしえ》の倭奴国以来交流のあった国とする一方、日本国は「倭国の別種也」とし、「旧小《もと》国、倭国の地を併せたり」と、大和の王権が新興勢力であることを示唆しており、粟田真人らの派遣を日本国から来た最初の正式使臣団としたことについては既に述べた。

しかし、これまで旧倭国を列島の代表としてきた中国としては、倭国から日本への王権交代について容易に理解ができなかったらしく、真人らの説明を「その人、入朝する者、自ら矜大《ほこり》にして、実を以て対《こたえ》ず。故に中国、これを疑う」と記す。そして、真人については「中国の戸部尚書《こぶしょうしょ》の如し」と言い、「好んで経史を説き、文を属することを解し容止《ようし》温雅なり」と評するが、では、武則天治下の唐朝（正確には大周朝）がどのように扱ったかというと、「則天、これを麟徳殿に宴し、司膳卿を授けて放還す」とある。麟徳殿に宴席を設けたのは一応の外交辞令だが、ここで与えた位階は司膳卿というからせいぜい従五品程度、しかも最後の「放還す」とあるのは、追い返すということである。だから、大使坂合部大分・副使巨勢邑治は留められ、洗脳教育を施されるのである。

放還――たった二字ではあるが、ここには大女帝武則天の絶対的意思と対日姿勢が込められている。彼女は六九二年、新羅の神文王が先代の武烈王（金春秋）に「太宗」なる追号を贈ったのは、唐朝二代目の太宗の廟号を冒す僭越の沙汰であるとして、これを取り消すよう命じ、神文王にも「鶏林州都督」の称号を与えて自らの宗主権を誇示したほどなのである。東夷の敗戦国に、それほど甘くはなかった。

余談になるが、文字に縁起を担ぐことが好きな武則天は頻繁に年号を変え、一年に二、三回の改元すら珍しくなかった。その一つに永昌というのがある。西暦六八九年のことで、その後すぐに載初・天授と変えるのだが、文武天皇の四年（七〇〇）に死んだ我が国の那須国造の碑文には、なんと「永昌元年己丑四月」云々と刻まれた文がある。当時はまだ辺境である下野国にまで、思いつきで変えられた唐の年号が浸透していたというのは、まさしく武則天の威光であり、大唐さまざまの時代であったことを物語るものであろう。

従って、大宝二年（七〇二）に出発した粟田真人ら遣唐使が、武則天による国名の変更や、聖神皇帝と称していたことなどを知らぬはずはない。ところが『続紀』には、彼らの無知をわざわざさらけ出した記事がある。

初め唐に至りし時、人有り、来りて問いて曰く、「何処《いずこ》の使人ぞ」と。答えて曰く、「日本国の使なり」と。我が使、反問して「此《ここ》は何《いずれ》の州の界ぞ」と曰う。答えて曰く、「是《これ》は大周楚州塩城県の界なり」と。更に問う、「先には是、大唐。今は大周と称す、国号、何に縁《よ》りて改称するや」と。答えて曰く、「永淳二年（六八三）、天皇太帝崩じ、皇太后位に登りて聖神皇帝と称号し、国を大周と号すなり」と。

これは、唐の外圧などさらさらなく、大宝律令も我が国が自前で編纂したかのように装うために、ことさら唐との関係が長期間空白であったように創作した話だ。しかし、それではあまりにもバカ丸出しと思ったのか、またまた名も分からない唐人の言葉を付け足す。

　庸人、我が使に謂いて曰く、「しばしば聞く、海東に大倭国有り。これを、君子国という。人民豊楽にして、礼儀敦《あつ》く行わると。今、使人を看《み》るに、儀容大いに浄し。豈《あに》信ぜざらんや」語り畢《おわ》りて去りき。

見え見えのお世辞であり、付け足しである。これが本当なら、唐の名もなき庶民でさえ大倭国のことを知っているのに、我が朝の高官連は大女帝治下の相手国について何も知らずに海を渡ってきたことになる。蛇足というか、馬脚を露わすというか、余計なことを書き込んだので、却って唐への従属を証明した形だ。なにしろ、ここでいくら飾り立ててみても、『旧唐書』の「放還す」と大使・副使の長期滞留が千金の重みを持つ。とりわけ、「放還」の二文字は、このときの日唐関係を最も正確に表すもので、後世に編纂された『新唐書』ではさすがに「放」の字がなくなり、単に「これを還す」と表現を和らげている。

　そして、この『新唐書』に至って初めて歴代天皇の名を列記し、「倭国伝」がなくなって「日本国伝」一本に纏められた。大和の王権をようやく中国史書が認知したのである。

唐機関の実在を証明する詔勅

　大宝三年（七〇三）四月、右大臣阿倍御主人《みうし》が世を去った。左大臣多治比嶋《たじひのしま》の死はその二年前で既に記した。太政大臣は高市皇子亡き後、空席のままであった。そこで、文武朝は忍壁皇子を太政官事と称する職につけたが、これは名目的なもので、実権は大納言藤原不比等の手に依然握られていた。

　しかし、名より実をとることに長けていた彼は、あえて廟堂の第一位に就くのを避け、大宝四年一月七日、十九歳年長者である石上麻呂を右大臣に据え、自らは大納言の地位にとどまった。律令に定めた封戸は左右大臣二千戸、大納言八百戸だが、このときの賜与は石上麻呂に二千百七十戸、不比等は八百戸丁度であった。こういうところは、常にナンバー2の地位に留まりながら実権だけを握った二十世紀中国の周恩来に似ていて、官僚政治家の面目躍如と言うべきかもしれない。

彼が右大臣となったのは和銅元年（七〇八）の三月、このときも石上麻呂を左大臣に推している。同時に、不比等の同族中臣意美麻呂が神祇伯となった。これは、前年に出された「遷都のことを議せしむ」を受け、この年二月十五日正式に平城京遷都の詔勅を発したのを補強する人事であった。

藤原京ができて僅かに十余年、またまた遷都とは解せぬ話で、朝野を通じて反対論が出たのは当然だが、この遷都も唐朝の指示乃至勧奨（干渉）によるものであったのを知る者は少ない。

このときの天皇は元明女帝だが、その詔勅には王侯大臣らが遷都を望み、「衆議、忍び難く、詞情深切なり」であるから、朕一人が労を避けて安逸の日々を過ごすわけにはいかない、「遷都の事、必ずとするに未だ遑《いとま》あらず」とある。これは、遷都が自分の意思でなく、「遷都のことを議せしむ」の結論であり、「忍び難い」のだが、猶予できない事情があるのだと言っているのである。全文で二百五文字、異常なほど長い詔書だ。

衆議――諸王以下五位以上の官人が一年間論議した末の遷都とは、甲論乙駁の揚句ようやくまとまったということであろう。しかし、この討議を続けた慶雲四年（七〇七）というのは、数年来打ち続いた飢饉で民力の疲弊しきった時期であった。とてもじゃないが、民草の方は「遑あらず」どころではない。生きるのに精一杯と言ってよかった。

にも拘らず、遷都は強引に進められ、畿内や近江では逃散が相次いだ。二十世紀の人々は、青丹《あおに》よしとか、平城のロマンだなどと言って、この王城の昔を偲ぶけれども、当時の人たちはまさに塗炭の苦しみを舐めたのである。元明の朝廷は、なにゆえにこうまでして遷都を強行しなければならなかったのか？

最初の遣唐使粟田真人が帰国したのは、慶雲元年（七〇四）七月である。そして、副使巨勢邑治《こせのおおじ》のそれは四年三月、第二回遣唐使多治県守らと一緒であった。あの唐衣で参内した人々である。これは要するに、真人の帰朝と同時に唐朝の意向がもたらされ、諸王諸侯に対する説得が始まり、煮詰まったところで衆議を開き、そこに戻ってきた邑治・県守も加わって、有無を言わせず平城遷都を決めたということである。

例の二百五文字の詔勅には、「昔、殷王は五たび遷り、周王も三たび遷《かえ》って太平をいたし……」と記すとともに、「平城は、四禽図に叶い、三山鎮をなす」とある。

四禽とは、青龍・白虎・朱雀・玄武の意で、三山は春日・奈良・生駒を指し、これまた四神三峰という中国の思想に基づく。ついでまでに記すと、「平城」の名そのものが首都長安・副都洛陽に次ぐ陪都太原を平城と呼んだことに拠る。平城京が長安を模したのも当然である。

こうした遷都を強行した中心人物は、もとより唐の意に忠実な藤原不比等である。慶雲四年四月十五日、文武天皇（崩御はこの二か月後）は、不思議と言えば不思議、当然と言えば当然とも言える奇妙な宣命を不比等に与えた。

汝、藤原朝臣の仕え奉る状は今のみにあらず。かけまくも畏き天皇が御世御世に仕え奉りて、今もまた朕が卿として明き浄き心を以て、朕を助け奉り仕え奉ることの重く労《いとお》しきことを念《おも》おし坐《ま》し御意坐すに依りて、たりたまいてややみ賜えば、忌み忍ぶことに似ることをしなも、常労しみ重く念おさまくと宣りたまう。また、難波の大宮にあめのしたしろしめしし、かけまくも畏き天皇命《すめらみこと》に汝が父藤原大臣の仕え奉らえる状をば、建内宿禰命《たけうちのすくねのみこと》と同じと勅りたまいて、治めたまい恵みたまえり。ここをもて、令の文に載せたるあととして、令のまにま長く遠く、今を始めて次々に賜わり往かむものぞと、食封《へのと》五千戸賜うと勅りたまう命を聞《きこ》しめさえと宣《の》る。

いささかややこしいが、お前は歴代天皇に忠節を励み、今もなお自分を助け、忠君を励んでくれる。また、お前の父親鎌足が難波の天皇（孝徳）に仕えた功績は、武内（建内）宿禰にも等しい忠節であったので、食封五千戸を与えよう、と言っているのである。

先にも書いたが、律令の規定では太政大臣の食封でも三千戸だ。その倍近くを大納言の不比等に与えようというのは、「令のまにま」とは裏腹な異例というより異常である。

この宣命のうち、「たりたまいてややみ賜えば、忌み忍ぶことに似ることを」とあるのは、このとき既に帝は病床にあったから、不測の事態を憂慮している不比等に対する感謝とわが子首皇子の将来を託す願いを込めた言葉であり、だからこそ律令を無視する五千戸の食封賜与を約したのだ。不比等から黒作懸佩刀を受けた文武が、今度は首皇子に継承したいと頼んだと言ってもよい。しかも、後段の鎌足についての記述は、天智系の男子を排する唐機関の存在をはしなくも暴露する。

なぜならば、鎌足は孝徳帝の忠臣ではなく、大化のクーデター以来中大兄（天智）の股肱であったからだ。中大兄が孝徳を難波宮に置き去りにし、母（皇極）や妹（間人皇女）を連れて大和に戻ったとき、鎌足も行を共にしている。間人は、孝徳の皇后である。

従って、この文武の宣命が鎌足の功を讃えるのならば、天智に対する忠勤を掲げるべきなのに、取って付けたように、孝徳への忠節としたのは、唐機関を意識したと考える以外にない。対内的にも、不比等個人に対しても、天智―鎌足の関係こそ武内宿禰の伝説に照応する。鎌足は、現役天皇である孝徳の皇后まで取り上げた中大兄に従って大和へ去った人物なのである。

だが、しかし、文武帝の末期の願いも空しかった。不比等は五千戸の食封のうち三千戸を拝辞し、二千戸だけ受けた。そして、帝位には文武の母であり、草壁の妃、天智の娘である阿陪皇女（元明）が就いた。

不比等が食封二千戸に見合う右大臣となったのは、その翌年和銅と改元した春三月のことである。位階は正二位、ここで初めて彼は左大臣石上麻呂と並ぶ。

天皇が出した「しのびごとの書」

不比等に対する宣命を発して丁度二か月目の六月十五日、文武天皇は崩御した。二十五歳であった。一か月後、その母阿陪皇女が即位する。先に記した「不改常典」によって、天智の娘であることを高々と掲げ、正統な皇位継承者であると宣言した。彼女の場合は、天武の子草壁の妃ではあったが、天武系ではなく純然たる天智系である。この女帝の宣命によって、正しい皇統の継承者は天智系であることを廷内に再確認させたと言ってよい。

ただし、謀臣不比等は唐の関係者向けに、彼女が文武の生母であり、草壁の妃であったことを強調したであろうし、なによりも自らの掌中にある女帝である点を説明したに違いない。これは、現人神から象徴天皇に衣替えして存続させ得た二十世紀日本の官僚政治家と同様、不比等が試みた苦肉の策である。

なお、文武天皇が不比等に与えた慶雲四年四月十五日の詔勅で、鎌足の功を対天智のものでなく孝徳に擦り換えたのが、唐機関に対する自主規制であり、一種の気兼ねでもあったことは、ずっと後年の天平神護二年（七六六）、それは既に唐朝が衰退期に入って日本のことどころでなくなった時期だが、はっきりと訂正された。

すなわち、重祚した称徳女帝が同年一月、不比等の孫藤原永手《ながて》を右大臣に任じた際、次のような宣命を出した。

かけまくも畏き淡海の大津の宮に天の下しろしめしし天皇（天智）が御世に侍《つか》え奉りまししし藤原大臣

（鎌足）、また後の藤原大臣（不比等）に賜いて在るしのびごとの書に勅《の》りて在らく、子孫の浄き明き心を以て、朝廷に侍え奉らむをば必ず治め賜わむ、その継ぎは絶ち賜わじと勅りて在るが故に、藤原永手朝臣に右大臣の官をば授け賜うと勅す……

やはり、鎌足は天智帝に対する功臣なのであった。そして、鎌足・不比等の功績に対して天皇家は、ある種の「しのびごとの書」を出していて、それには藤原氏歴代を絶つことなく重用することになっているので、永手を右大臣に任命したというのである。この「しのびごとの書」について本居宣長は、鎌足・不比等が死去した際に贈った「誄書《しのびごとのふみ》」とするが、どうであろうか。天皇家と藤原家の間に交わす内緒の書などというのは、二度も三度も当主が代わるたびに出すようなものではない。称徳女帝の宣命を文章通りに読むと、鎌足にも不比等にもそれぞれ出されたように見えるが、これは恐らく持統女帝が不比等に出した内緒（内証）の書であろう。性格としては、「誓約書」と言ってもよい。戦勝国への折衝を上手にやり、天智系天皇の継承（特に持統の場合は、孫である文武の即位）を願った代償として、藤原氏代々にもその特権を約した、と私は考える。永手に宣命を出した称徳女帝は、持統の孫文武帝と不比等の娘宮子の間に生まれた聖武の皇女で、生母はやはり不比等の娘光明子であった。

こうした一連の記録によって、天智男系の男子の即位はもとより、天智その人の名さえ表面に出せなかった時期のあったことは分かるであろう。だからといって、天武男系の男子には廷内外の国民に抵抗がある。このため文武・聖武・淳仁といった天武男系の男子と見られる天皇でも、天智女系の血脈を持つ者以外は即位できなかったし、女性の太上天皇を必要としたのである。しかも、これら帝位継承の流れを見て気がつくのは、持統が太上天皇になることを条件として即位した文武帝から——というより、藤原不比等が廟堂に登場して以後、ようやくこのようなルールができたらしく、天武男系であると同時に天智女系でもあった草壁・大津両皇子の場合は、英明であった上に生まれたのがいささか早かったと言えなくもない。

誰も願わなかった平城遷都

こうして、平城京の建設は遮二無二強行された。なにしろ、慶雲元年（七〇四）に帰国した粟田真人によって新都への遷都が勧奨されて以後、飢饉は襲来するし、疫病は流行るといった状況（不比等も二年五月に病臥した）で、大宝律令が施行されても民百姓の生活は一向によくならなかった。

そこで政府は慶雲二年四月、「今年、挙税の利を収むることなかれ、ならびに庸のなかばを減せよ」との詔勅を出し、十月には「当年の調のなかばを免ず」と告げた。税制の根幹である租・庸・調のいずれにも影響を及ぼしたのである。『続紀』は、この年の飢饉と疫病が二十か国にわたったと記すが、翌三年も初頭から畿内をはじめ紀伊・因幡・三河・駿河・出雲・安芸・讃岐・伊予に災禍が及び、朝廷は医薬の支給や加持祈禱に力を入れたものの、諸国に横行した盗賊は遂に平城京内にまで出没しはじめる。

一方、租・庸・調の減免は律令政権の財政を圧迫し、当然ながら官人の不安を煽った。新都建設など、思いも及ばぬ事態と言ってよい。このため朝廷は、食封を規定より倍増させる措置を執り、任用昇進についても令の一部を改定した。これで官人たちを宥めたつもりだったのかもしれないが、彼ら特権階級を支える一般民衆は、相変わらず飢餓と病苦と過酷な課役から遁れられなかった。

こうした状況の下、文武崩御の後、和銅と改元し、なお平城京の建設は予定通りに進められたのである。一坪を唐尺の四百尺四方とする整地に始まり、宮の東側に建てた不比等の大邸宅、藤原京西郊から移築する興福寺に至るまで、工事は着々と進展した。このあたり、何はさておいても遷都しようという元明女帝の詔勅に副い、天皇の意思を具現するための施策のように見えるが、実はこの遷都、女帝自身の主体性に発したものでなかったのは先述した通りである。

新都に天皇が遷ったのは和銅三年（七一〇）三月十日のことだが、このとき元明女帝が詠んだ歌が『万葉集』にある。

飛鳥《とぶとり》の　明日香の里を置きて去《い》なば　君があたりは　見えずかもあらむ

彼女は、旧都藤原宮に去り難い哀惜の情を覚えているのである。如何にも女帝らしい、如何にも正直な告白である。遷都を号令した二年前の詔勅が必ずしも自らの本意でなく、本当は夫草壁やわが子軽皇子（文武）と暮らした思い出深い明日香なる土地にとどまりたかった——こう、言っているのだ。天皇が願わず、官人を根回しするのに数年を要し、民草も決して求めなかった遷都、それを強引に実現させたものは何だったか。大使・副使を残し、一人で急ぎ帰朝した粟田真人と藤原不比等。千三百年を経て、日米構造協議とやらが策定した巨額の公共投資の中に私はその姿を見る。新都造営も国費消耗であり、公共投資事業そのものである。否めない要求、それは今も昔も変わらない外圧かもしれない。

和銅五年一月十六日、女帝の詔勅は、「諸国の役民、郷に還るの日、食糧絶え乏しくして多く道路に飢え、溝壑《こうかく》（溝や谷）にころげうずもること、その類少からず。国司らよろしくすすめて撫養を加え、量《はか》りて賑《しん》恤《じゅつ》（援護）すべし」と言う。疲弊しきった人々は、辛うじて労役から解放されても、故郷に向かう道中で続々倒されたのだ。

こうして、長安を模した平城京は完成した。この間に不比等は、娘宮子と文武との子である首皇子《おびとのみこ》の成長を眺め、長男武智麻呂の妻に前右大臣阿部御主人の孫娘を配し、次男房前には自分の妻県犬養三千代が前夫美努王との間に儲けた牟漏《むろ》女王を娶らせ、三男宇合には左大臣石上麻呂の娘を迎えるというように閨閥の力を拡大したが、首皇子と同年に出生した娘光明子の入内も既に意中に秘めていた。

しかも、彼の非情とも言うべき官僚政治家としての真骨頂は、平城遷都を機として存分に発揮される。同じ正二位ながら、常に彼より半歩上にいた左大臣石上麻呂を藤原京の留守役とし、現実政治の面から実質的に締め出したのである。ときに不比等五十二歳、麻呂は七十一歳であった。

唐化の仕上げ「養老律令」

平城遷都から五年を経た和銅八年（七一五）九月二日、五十五歳の元明女帝は三十六歳の氷高皇女に譲位した。元正天皇、文武帝の姉君である。このとき文武の嫡男首皇太子は十五歳、父帝が即位した歳と同じであり、祖母の後を継いでもおかしくはない立場にあった。持統が孫文武を立てて太上天皇となった例からしても、元明から孫皇太子への譲位が筋道である。

この当時、皇位の継承権者としては有り余るほど天武男系の皇子がいた。舎人・新田部両皇子は天武の子であり、長屋王は天武の第一子高市の子であり、さらには文武と石川刀子娘《とねのいらつめ》の間に儲けた広成・広世両皇子もあった。にもかかわらず、またしても女帝の出現である。ただちに改元して、霊亀元年となる。

一方、その頃の唐では、一世を風靡した大女帝武則天が崩じ、中宗や睿宗の復位があったが、結局は彼女の孫玄宗皇帝の出現となって収まり、盛唐を象徴する開元の治を迎えていた。こうなると、ますます大唐に対する畏敬の念は強くなる。白村江の戦いから半世紀を経て、唐側の直接的対日干渉は従前ほど露骨でなくなったのに、わが朝官人の唐かぶれはますます深まり、なんでもかんでも唐風になびく傾向が強くなった。藤原不比等にとっては、これはまことに都合のよい展開である。そこで彼は、元正帝が即位した翌霊亀二年（七一六）八月、先に記したように自分の三男宇合を副使に加えた遣唐使団を編成し、前年、玄宗が施行した開元三年令の導入を図った。大和長岡ら専門家の随行が、これを証明する。

そして、これらの派遣使臣に加えて、前回の遣唐使で大使だった坂合部大分《さかいべのおおきだ》が十六年もの長期研修を終えて同時帰国すると、本格的に新律令の編纂が始まった。彼らが如何に事大主義的な眼で唐を眺めたかは、一同打ち揃って唐服で参内したことにも窺われる。まさにアメリカさまさまならぬ大唐さまさまである。当然、前の大宝律令以上に唐制に近づいた新法律が誕生する。

のちに養老律令と称するこの律令が全国的に施行されたのは、前にも述べた通り随分後の七五七年だが、把笏《はしゃく》の制度や医師を八位以上の官位につける規定など、部分的には逐次採用され、実行に移された。宮中の門の名称をこれまでの内・中・外門から閤門・宮門・宮城門としたり、諸国を検察する「按察使《あんさつし》」なる官職を置いたのは、まるで唐制そのものの模倣であった。

ところで、大宝二年の遣唐大使坂合部大分が十六年もの長期滞在を経て帰ってきたとき、もう一人同じ年月を唐で過ごした人物も一緒に戻っている。留学僧道慈《どうじ》という。この道慈はどういうわけでか、不比等と深い繋がりを持っていた。深い繋がりというより、むしろ特殊な繋がりと言った方がよいかもしれない。彼は、養老三年十一月に「戒珠満月を抱くが如し」とまで讃えられたというが、自ら「藤原寺僧」と名乗るほど不比等に癒着していた。

道慈が帰国して受け持ったのは、従来の百済仏教を名実ともに唐仏教に変えることであった。「日本の素《そ》緇《し》（俗僧）、仏法を行うを察するに、全く大唐の道俗の聖教の法則を伝えるに異る」と、在来の仏教を批判し、「もし、経典に従わば能く国土を護らむ。もし、憲章にたがわば人民に利あらず。一国の仏法は、万家の修善なり」と述べ、唐風の仏教こそ国法に合致すると主張した。言うまでもないが、その当時は新聞もなければラジオ・テレビもない。多くの人が集まるところと言えば、寺院ぐらいのものだ。従って、寺院こそが最大最高のマスメディアである。ここで唐化一辺倒の思想を吹き込めばどうなるか——しかも、その説を語ってきかす僧侶は、僧尼令や太政官布告によって身分を保証された名僧知識である。衆俗は二十世紀の若者たちがジーパンを穿《は》いたり、横文字のTシャツを着たりするのと同様、またたくうちに唐ナイズされてしまう。養老四年（七二〇）一月四日、政府は僧尼令に基づいて「公験《くげん》（証明）」というものを出した。これは、政府公認の僧または尼であるという保証書である。個人の意思で僧となったいわゆる私度僧といわれる人々への弾圧は、霊亀三年（七一七）四月以来強化されていたが、これによってますます厳しくなった。

こうした唐化政策を推し進められる過程で制定されたのが「養老律令」であり、唐勢力をバックに近江朝を倒した天武の即位を合法化する目的で編纂されたのが『日本書紀』であった。

第八章　藤橘の奪権闘争

権力者不比等死す

稀代の女傑武則天が七十七歳で世を去ったのは、我が文武帝の慶雲元年（七〇四）、その後しばらくは唐室内部のゴタゴタが続いたが、やがて玄宗皇帝の開元の治となって、大唐帝国の威信はアジア全体を圧する盛唐時代を迎えた。

藤原不比等が三男宇合を副使に加えた遣唐使団を出発させたのは、実にその後の唐の状況を正確に把握するためである。この結果、彼はますます唐化政策を強化し、唐の律令政治を模倣した体制づくりに自信を持った。とりわけ、これまで脆弱だった大和王権の地方行政に逸早く採り入れたのが按察使《あぜち》という官職の新設である。これは睿宗《えいそう》の景雲二年（七一一）、唐朝が各道ごとに配置した地方監察官で、中央の権力を誇示し、豪族や庶民に目を光らせるのが第一義の任務であった。

なにしろこの頃の日本国内は、「率土の百姓、四方に浮浪して課役を規避（忌避）し、遂に王臣に仕えて或いは資人を望み、或いは得度を求む。王臣、本属を経ずして私に自ら駆使し、国郡に嘱請して遂にその志をなす。これによりて、天下に流宕して郷里に帰らず」という状態でまとまりを欠いており、中央権力は容易に浸透しなかった。

そこで宇合らの遣唐使が帰国して間もない養老三年（七一九）七月十三日、朝廷は按察使制を導入し、藤原宇合を常陸国守にすると共に安房・上総・下総三国の按察使に任命したほか、諸国にそれぞれ担当官を配置した。これら按察使に対する期待が大きかったことは、養老五年六月、元正女帝が「朕の股肱、民の父母はひとり按察使にあり。寄せ重く務め繁きこと群臣と異なる」との詔勅を出した事実からも窺われる。

この時期、不比等は名実ともに朝政の第一人者であった。知太政官穂積親王は和銅八年（七一五）に亡くなり、その二年後の霊亀三年（七一七）三月には左大臣石上麻呂も七十七歳で他界したから、右大臣不比等に対抗する勢力は全くなくなった。先に文武天皇の夫人となった娘宮子は首皇太子の生母であり、その皇太子妃にも娘安宿媛《あすかべひめ》（光明子）を配して、二重三重に皇室との縁を固めた彼は、首皇太子が朝政に参画するようになった養老三年には、長男武智麻呂を東宮傅《とうぐうふ》とした。これは、皇太子を教導する役職である。

そして、次男房前《ふささき》は参議であり、三男宇合は按察使である。大納言長屋王・同阿部宿奈麻呂や中納言粟田真人・同巨勢邑治・同大伴旅人らもいたが、その大部分は不比等直系の官人であったので、この段階で朝政は藤原一色に染め上げられたと言ってよい。

不比等が世を去ったのは養老四年（七二〇）八月三日であった。贈正一位太政大臣藤原史《ふひと》というが、この寸前に彼は黒作懸佩刀を首皇太子に授けた。当時、既に武則天死後の唐朝による干渉は緩みかけており、我が国は「自前」の律令国家を目指していたのだが、不比等はなお従来の皇位継承に関する特権を駆使し、それをさらに式家宇合から百川・緒嗣へと引き継がせるのである。唐の圧力を巧みに利用し、その圧力を藤原政権自体の力に置き換え、後世の摂関政治へと発展させた基礎は、まさしく不比等の代に築かれたのである。このあたり、二十世紀の敗戦でアメリカの支配力を巧妙に利用し、やがては一党による長期政権へと誘導した昭和の官僚群とも相通じるが、六十二歳で死んだ不比等はたった一人でこの政治ドラマの脚本・演出と取り組み、勿論、主役をも演じたのである。大官僚と言わざるを得まい。

怪僧玄昉の登場

唐による圧力は、白村江敗戦直後ほど露骨ではなくなったが、不比等の死後まったくゼロになったわけではない。しかも、遣唐使の再開以来帰ってくる連中が唐風にかぶれ、事あるごとに「大唐では……」、「唐の朝廷は……」などと真偽とりまぜて煽り立てるものだから、必要以上に唐化が進んだ。平城京への移転、興福寺・元興寺・薬師寺・大安寺などの建立は不比等の生前に行われたが、その後も菅原寺・海龍王寺・金鐘寺（東大寺）といった大寺が造られ、世論誘導のメディアとして機能を発揮した。

そして、天平五年（七三三）多治比広成らの遣唐使が出発し、同七年帰ってきた広成とともに前回の派遣から実に十六年間も唐にいた吉備真備と僧玄昉が帰国、さらに翌年、副使中臣名代と一緒に唐僧道璿《どうせん》・波《ば》羅門僧《らもんそう》菩提僊那《ぼだいせんな》や唐人皇甫《こうほ》東朝《とうちょう》・同昇女《しょうじょ》・ペルシャ人リミエイらが来朝するや、にわかに台頭してきたのが諸国に国分寺・国分尼寺を置くことと大仏建立論であった。

このうち、大仏の建立とは、例の武則天が唐で計画したものの側近重臣の諫言で容易に果たせなかった曰くつきのプランで、財政乱費以外のなにものでもない。しかし、唐自体ですら紛糾した大仏建立を真備と玄昉、さらに唐僧道璿らは強引に推進した。おそらく、唐朝の意向であるとでも主張したのであろう。不比等が駆使した手法を、今度は彼らが用いたわけである。国分寺・国分尼寺の建設も、もとをただせばこれまた女帝武則天が諸州に大雲寺を設置した財政乱費の模倣であった。

武則天亡き唐朝が、本気でこれらの事業を積極的に押しつけたとは考えられない。従ってこれらのプランは、唐カブレして帰ってきた真備と玄昉が道璿や僊那に加勢させて、光明子（皇后）を口説いて推進した

【橘諸兄と藤原氏との関係】

栗隈王——美努王
- 美努王
  - 葛城王（橘諸兄）
  - 佐為王（橘佐為）
  - 牟漏女王（藤原房前室）
- 三千代（県犬養氏のちに橘を賜氏）
  - 安宿媛（光明子・聖武皇后・孝謙生母）
  - 多比能（橘諸兄室）
- 不比等
  - 宮子（文武夫人・聖武生母）
- 賀茂媛

と思われる。また、玄宗治下の唐にあっても、日本が自主的に財政を傾けるのは決して不都合なことでない。周辺諸国は、なるべく国力を消耗してくれる方がよいのだ。

　玄昉は宮子にも光明子にも取り入り、とりわけ聖武帝の生母皇太夫人宮子とはただならぬ関係を持ったとされる怪僧である。『扶桑略記』は具体的に、「流俗ニ言ウ、僧玄昉密カニ太皇后藤原宮子ト通ズ。善珠法師ハ実ニ是レ其ノ息ナリ」と記す。善珠とは、のちに秋篠寺の僧となった人物だ。『大日本史』にもこれに通じる記述があり、こちらには光明子についても「醜声アリ」と決めつけている。

　それはともかく、真備・玄昉ら唐ベッタリの連中が国分寺や大仏建立案を推進している最中、平城京一帯に天然痘が流行し、藤原不比等の子であり、藤門四家の始祖でもある房前（北家）・麻呂（京家）・武智麻呂（南家）・宇合（式家）兄弟が相次いで死去した。藤氏一門の大ピンチである。すなわち天平九年（七三七）四月十七日、民部卿房前が死去した後、七月十二日には麻呂、同二十四日には惣領の右大臣武智麻呂、八月五日には式部卿宇合というようにバタバタと倒れたのだ。

　代わって登場したのが、光明皇后の異父兄橘諸兄である。この人物と藤原氏との関係は、上の図のようになる。

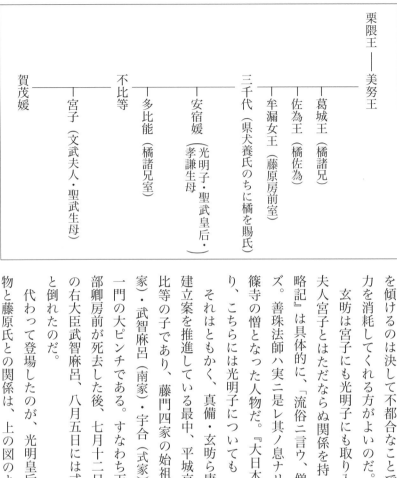

県犬養《あがたいぬかい》三千代が元明女帝から橘宿禰なる新姓を賜ったのは和銅元年（七〇八）、彼女が宮中で勢力を得たのは文武朝以来元明・元正各朝に仕え、正三位に叙されていたためではない。当代随一の権力者不比等の妻であり、光明皇后の生母でもあったからだ。彼女は天平五年に世を去ったが、この年七月には従一位を追贈されている。

そして、前夫美努王との間に儲けた子葛城王は、天平八年十一月「皇族の高名を辞す」という名目で、生母の橘姓を継ぐことを許され、直接政治の面に乗り出したわけだが、彼の妻は光明皇后の同母妹、つまり不比等の娘であったから、藤原四家の当主が相次いで死んだとあって急速に権力を握ったのも不思議ではない。ただし、ここに目をつけてブレーンとなったのが唐帰りの真備・玄昉だ。ただでさえ栗隈－美努と親唐色の強い家系に育った諸兄は、一も二もなく唐に追随する政策を打ち出した。

そもそも、親唐というより、唐勢力をバックに権力を握り、唐化政策を推進してきた本家本元は藤原不比等であり、その死後は宇合の式家を中心に据えた藤氏一門であった。ところがここにきて、新勢力とも言える橘氏と真備・玄昉の遣唐使グループが主役に坐りかけた。俄然、反発したのが式家の嫡男広嗣である。父宇合らの死後、彼は大養徳《おおやまと》国の国守となっていたが、こうした政権壟断《ろうだん》の動きに批判の色を強めた。

といっても、のちに起こる「広嗣の乱」は、単なる藤橘両氏の奪権闘争ではない。広嗣はいわゆる「戦争を知らない世代」の人物である。しかも、祖父不比等・父宇合らの対唐従属政治を物心のつく頃から見て育った。おそらく彼の胸中には、自主独立への熱情が燃えていたかもしれない。

このような広嗣の言動に危険なものを感じた政権中枢は、天平十年（七三八）十月、彼を大宰少弐として左遷した。真備や玄昉にしてみれば、遠い筑紫路に追いやっておけば心配ないと考えたのであろう。彼らは、遮二無二大仏建立と諸国国分寺の建設案を推進しはじめた。天平十二年六月の「諸国に令して、国ごとに法華経十部を写し、併せて七重の塔を建てしむ」という詔勅がこれを示す。

対唐従属を弾劾した上表文

藤門の異端児広嗣は、ここに堪忍袋の緒を切った。これ以上、真備・玄昉一味の専横を許せば、亡国の憂き目を見ることになると考え、同年八月二十九日、上表文を提出したのである。その中身は、もとより真備・玄昉の追放要求であるが、彼らの増長した根本原因は白村江敗戦とそれに続く唐勢力の干渉にあると指摘し、『日本書紀』その他の史書が隠し抜いた大唐追従の実態をいみじくも暴露する役割を果たした。これは『松浦廟宮大縁起』に記された遺文だが、その中にこうある。

我が朝之国たるや、日本に光宅君臨し、長安に臨んで明を並ぶ。万邦を包括して唐王に対し、以て雄を争う。但し唐王恒に云う、天に二日なく地に二王なし、唐無ければ則ち日本、日本無ければ則ち唐、豈《あに》東帝西帝有らんやと。遂に姦心を挟んで、我が上国を窺うこと歳既に多きなり……

ここには、はっきりと長年にわたり唐の圧力に屈伏してきた既往の姿を描き出す。そして新羅もまた、唐に追随しながら「群望を祈禱し、禍を国家（日本のこと）に構うること日もまた久し矣」と、断じる。さらに、玄昉は天皇を惑わし皇后を欺き、天下を窺う悪僧で、「国政を乱し、しばしば酷政を出し、天下をして怨みを陛下に積ましめ、大役（大工事）を挙動して万民を興作（賦役）に疲病せしむ」と指摘し、真備についても孺子《じゅし》（こわっぱ）小人と決めつけながら、「所謂有為姦雄の客、利口にして国を覆す人、また玄昉の左翼（片腕）をなし、陛下の明徳を蔽う」と手厳しい攻撃を加え、これら両人は「大求の二盗」であるから、自分は早く平らげて国の衰運を救いたいと訴えたのである。この場合の「大求」とは、言うまでもなく天下を奪うの意である。

しかし、広嗣の願いは届かなかった。聖武・光明の周囲には、それこそ「大求」の徒が渦巻いており、回答は逆に彼を討つための出兵となって現れた。広嗣の乱というが、この段階で彼はまだ挙兵していない。大野東人の率いる一万七千の大軍を差し向けたのは、権力の側であった。広嗣が兵を募ったのは、九月も下旬になってからだ。

彼は、五異七能を備えた才人といわれたが、抵抗らしい抵抗もないまま結局は肥前値嘉島《ちか》で捕らえられる。これが十月二十三日というから、騒ぎは二か月足らずで治まったわけである。朝廷は広嗣逮捕の報せに、「宜しく法により処決し、然るのちに奏問せよ」と命じたが、その使者が到着する前に東人は広嗣を斬った。値嘉島とは、現在の小値賀《おぢか》である。

憂国の上表を奉っただけで討伐を受けるとは、まことに無残な話だが、真備・玄昉らはすかさずこの乱を利用し、「国家鎮護」のためと称して諸国分寺・同尼寺の建設と大仏建立を急ぐこととなる。

ただし、この広嗣の乱によって、畿内には不穏な動きが出はじめ、十月初めに聖武帝蒙塵というおまけまでついた。しかも、平城京を脱出した天皇は大和東部から伊勢・伊賀を回って山城の恭仁京に辿り着いたのが十二月という有様で、乱平定後も平城京に帰れず、その後五年間も地方を転々するのである。

これは、どう考えても異常である。何を天皇はおそれたのであろう？　別段、藤原式家の棟梁である広嗣や畿内庶民の暴発を恐れたのではない。広嗣の上表文が大唐を激しく非難し、唐ベッタリの真備・玄昉を攻撃したことから、唐勢力の圧力が帝の身にまで及ぶのではないかと危惧したためと言える。いや、危惧したというより、橘諸兄を頂点とする親唐グループが天皇を怖がらせたと言ってよい。

帝の行き着いた恭仁京は、橘氏の勢力圏にあった。諸兄はここに天皇をとどめ、藤原一門に取って代わる秘策を練った。

仲麻呂の秘計

この時期、橘諸兄は正二位右大臣、玄昉は僧正、真備は従五位上である。一方、藤原氏の方は南家筆頭の豊成が兵部卿で正四位だったが、天皇の平城京脱出に際しては留守役に留められ、のちに諸兄らと対決する仲麻呂に至ってはまだ正五位下の中堅官僚にすぎなかった。しかし、広嗣が上表文を奉っただけで討滅の兵を差し向けられた事実に、諸兄・玄昉らの謀略を感じたのはまず仲麻呂であった。

親唐政策の推進は、藤氏一門が「本家」である。国分二寺の建設や大仏建立も唐朝の歓迎するところであろうが、これに対抗するには広嗣のように直情径行的唐批判では覚束ない。いや、覚束ないどころか自滅に繋がる。そこで、彼が考えたのが遷都である。

たまたま天平十四年（七四二）三月、諸兄らの側は恭仁京よりもっと遠い近江国甲賀郡の紫香楽への遷都を企図した。恭仁京の工事さえ完成していないのに、またまた紫香楽京建設とは常軌を逸した浪費である。仲麻呂は、ここに目をつけた。

恭仁や紫香楽は、橘氏の勢力範囲である。そこに皇居を定着させたのでは、藤原氏の巻き返しはもはや不可能だ。といって、廷臣が賛成し、万民が納得する場所が果たしてあるのか？　さらに言うなら、唐勢力ならびに唐ベッタリの連中が反対できないところでなければならない。あった——たった一カ所だけ、これに該当するところがある。仲麻呂はここに気付いたとき、思わず声をあげ、実兄豊成の手を握りしめたに相違ない。

それは、難波宮である。あの鴻臚館がある難波こそ、右の要件を満たす唯一の候補地である。ここならば、玄宗皇帝の眼鏡にかなったという玄昉も異を唱えることはできない。実を言うと、この頃の万民は度重なる造営や工事にウンザリしていた。廷臣らも、それほど遷都を望んではいなかった。それは天平十六年正月、文武百官が招集され、恭仁か難波かを諮問した際、前者を支持した者百八十一人であったのに対して、後者には百五十三人しか手が挙がらなかったこと、またその三日後に一般庶民から意見を徴したときにも恭仁京支持が圧倒的に多く、難波支持一人、平城一人という結果しか出なかった点でも歴然としている。

にも拘らず、仲麻呂は着々と難波遷都の工作を進めた。まず、一月十一日、下見を兼ねた聖武帝の難波行幸である。民部卿藤原仲麻呂は、この一行に加わらず留守役となったが、二月に入ると恭仁京にあった高御座から大楯、さらには武器・儀仗に至るまで陸路と水路を利用して難波に送り込み、恭仁京の住民で難波に移転しようという者は全部許可した。問答無用、既成事実の先行である。

これには諸兄らも驚いたであろうが、鴻臚館のある難波を拒否するわけにはいかず、むしろ親唐政策を進めるには都合がよいとでも考えたらしい。聖武帝は同月二十四日、一旦紫香楽京に還幸したが、諸兄は太上天皇（元正）とともに難波に留まり、二日後には左大臣として「今や難波宮を以て皇都と定む。宜しく此の状を知って京戸《みやこ》の百姓は、意のままに往来せよ」との勅宣を読み上げた。

諸兄にしてみれば、こうしておけば紫香楽に戻った天皇も、すぐにまた難波に移ってくると思ったのである。ところが、天皇の戻った紫香楽には仲麻呂が待ち構えていた。三月から四月、五月、六月、聖武帝は紫香楽京で仲麻呂の掌中に握られた。この間仲麻呂は、広嗣の上表は真備・玄昉を弾劾したもので、謀叛など企図していなかったこと、遷都は難波でなく実は平城京への復帰であることなどを告げ、これこそが親唐政策を推進する道に適うと説いたはずである。なんといっても平城京は、彼の祖父不比等が唐機関の意を汲んで定めた都である。帝が反対する道理はない。

かくて、難波、難波というかけ声で諸兄・真備・玄昉らを釣り、平城への還都を実現する仲麻呂だが、もともと平城京が王城であったのだから難波鴻臚館の方でも異を唱えるはずはなかった。しかし、この段階で平城還都の秘策を知っていたのは、おそらく天皇自身と豊成・仲麻呂兄弟ぐらいであっただろう。七月八日、五か月ぶりで難波に入った聖武天皇は、間もなくまた紫香楽京に戻り、十七年の元旦を紫香楽ですませたが、この歳の春になると奇妙なことに山火事が頻発した。勿論、これは仲麻呂の謀計だが、宮居近くにまで火が及び、天皇も一時避難する始末であった。

そこで五月二日、朝廷はまた百官を招集して遷都を議したところ、今度は皆平城京へ復帰すべきだと答えた。翌日には、薬師寺など平城四大寺の衆僧に同じ問題を諮問したが、ここでも同じ答えが出た。鮮やかな根回しである。天皇はなお紫香楽から恭仁京へ移り、さらに平城や難波と転々としたが、九月二十六日、正式に還幸となって、五年間にわたるさすらいの旅に終止符を打った。と、同時に、橘諸兄を中心に玄昉・真備らの描いた藤門に取って代わる政治地図の塗り換えも水泡に帰したのである。

この藤原仲麻呂の巻き返しには、難波鴻臚館に唐機関が存在したであろうことを証明する部分がある。その一は、紫香楽京の建設を企図した橘諸兄らがなんら反対することもなく、すんなり難波遷都案に同意したこと。次には仲麻呂の平城復都案が表面化した後の天平十七年九月二日、諸兄の子奈良麻呂を摂津職の大夫に就任させ、憤懣やるかたなき諸兄を安心させる手を打っていることだ。これは、橘氏が直接唐機関と接触するということで、従来の親唐政策を推進するのが橘氏であるかのような錯覚を諸兄に与えた高等戦術と言ってよい。しかし、同じ日の人事で民部卿藤原仲麻呂は近江守を兼ね、恭仁・紫香楽の双方に睨みをきかす地歩を築いた。

摂津職という「名」を橘氏に与え、自らは近江守という「実」を取る。しかも、難波鴻臚館とは不比等以来の繋がりが強いからどうにでもなる。第一、摂津職大夫奈良麻呂が如何なる政策を上申してきても、それを採決するのは台閣である。左大臣諸兄を完全に封じ込めてしまえばこちらの勝ちだ。仲麻呂は、このように計算した。

事実、右の政争に破れた諸兄は、その後半年間『続日本紀』に登場しない。彼が再び名を出すのは翌十八年（七四六）四月、従一位左大臣のままではあるが、大宰の帥として発令されたときである。この後の諸兄は、官位こそ人臣第一位を占めるものの政治の実務面からは完全に締め出された。政治力の相違である。

大仏建立へ

藤原仲麻呂が平城遷都の後ただちに打った手は、妖僧玄昉の追放であった。名目は、「筑紫観世音寺を造らしむ」となっているが、実態は諸兄との切り離しである。彼の筑紫行きは天平十七年十一月、翌年四月が諸兄の大宰帥発令だが、左大臣の兼任であるから諸兄は赴任しない。おそらく軟禁状態であったのだろう。

しかも玄昉は、十八年六月十八日、急死してしまう。『続紀』は、「世相伝えて云う。藤原広嗣が霊の害せるところ」と記すが、実際には広嗣の残党か、仲麻呂の送り込んだ刺客の手で暗殺されたに違いない。余談になるが、のちに編まれた『今昔物語』には、赤い着物の悪霊が玄昉を摑み殺し、バラバラになった肢体を地上に撒いたので、弟子たちがそれを拾い集めて葬ったという話が載っていて、その悪霊を宥めたのがなんと吉備真備になっている。本来、玄昉以上に祟られてもよいはずの真備が鎮魂役になったというのは、諸兄・玄昉の失脚後も巧妙に立ち回って皇太子阿倍内親王のお守り役春宮大夫として留まり、ただ一人生き残った要領の良さを皮肉ったものであろう。

聖武帝退位の真相

五年間も留守にした平城京は荒れ果てていた。そこで聖武朝は、まずもって皇居の整備に着手した。同時に、懸案となっていた大仏の建立も急がなければならない。諸兄ら橘氏の勢力を追い落とした仲麻呂であっても、聖武帝念願の大仏と国分二寺の建立は実現しなければならないのである。

たしかに、諸兄らの政敵はいなくなったが、聖武・光明の側には唐から乗り込んできた道璿もおれば、波羅門僧菩提僊那もいたのである。第一、自分自身も親唐路線を行く仲麻呂である以上、これらを中止するわけにはいかない。むしろ、諸兄らの描いた構想を上回る建設で対処しなければならない。そこで彼は、これまで諸兄らが進めていた紫香楽甲賀寺でなく、東大寺に建立することとした。

仲麻呂は帝の正式還幸に先立つ天平十七年八月二十三日、天皇自ら台座に土を入れる儀式を執行し、十九年九月十九日に鋳造を開始、四年半後の天平勝宝四年四月九日に開眼会を開く段取りに漕ぎ着けたが、この時期まだ大仏は完成していない。顔面にだけ金のメッキが施されていたにすぎない。

しかも奇怪なのは、表面上大仏建立の発願主であるはずの聖武天皇が退位しており、開眼師には波羅門僧の僊那がなり、願文を読んだのも唐僧道璿であったことだ。しかも聖武は、開眼師僊那に対し、「朕が身疲弱にして起居便ならず、其の朕に代って筆を執る者、和上ひとりのみ、仍ち開眼を請う、乞う辞するなかれ」との優渥《ゆうあく》な勅書まで出しているのである。

十五歳で立太子、二十四歳で即位した聖武帝は、退位したときはまだ四十七歳にすぎなかった。言うなれば、働き盛りである。病身だったというが、この天皇は退位後八年も健在であったし、開眼会当日も出席しているのであるから、開眼師や願主とならなかったのは別の理由によるもので、退位の理由も病身の故とは考えられない。何がそこまで追い込んだのか？

それは、大仏建立を急いでいた最中の天平感宝元年閏五月十日、大赦を行うに当たって出された勅書にある。


朕、寡薄を以て恭々しく宝祚を承け、恒に二儀之覆載を累《かさ》ねて、兆庶《ちょうしょ》（万民）の具瞻《ぐせん》（期待）を欠かんことを恐る。徒らに憂労を積みて政事闕くる如く、神の咎を貽《のこ》せる実に朕が躬《み》に由る。此者《このごろ》、時炎暑に属して寝膳《しんぜん》（睡眠と食欲）豫《つね》に乖《たが》えり。百寮灼けて、左右勤劬（こまる）す。今、克く天心に順って災気を消除せんと欲し、往《おう》（過去）を改むるの術を求めて、深く予《われ》に在る僭《おごり》を謝す。宜しく渙汗の恩を流して蕩滌《とうじょう》（大赦）之政を施すべし。


これは要するに、自分は即位以来万民の期待に背くことをおそれてやって来たが、十分な政治ができず、神の咎めを受けて近頃の猛暑に睡眠不足で食欲もない。そこでこれからはこれまでの間違いを改め、自分の中にあるおごりを除去するよう反省する。よって、全ての罪を洗い流すような大赦を施す――この炎暑は神の咎めなのだと述べたのである。

ところが、この中の「神の咎」と「往を改め」というのは、これまで進めてきた仏教一点張りでなく、神道への回帰を意味すると、大安寺にいた唐僧道璿を含む平城京各寺から批判が出た。出たというより、誰かが出させたのである。

慌てた朝廷では、同月二十日、大安寺をはじめ薬師寺・元興寺・興福寺・東大寺にそれぞれ綿一千屯、布一千端、稲十万束、田百町、絁五百屯などを与え、さらに法隆寺・四天王寺など各寺にも莫大な物品を贈り、今後は花厳経（華厳経）を本に仏教一筋に帰依すると誓ったのだが、どういうわけか聖武帝は三日後の二十三日、薬師寺の宮を行在所として移された。そして、七月二日、皇太子阿倍皇女に譲位、年号も僅か一か月で感宝から勝宝に改められた。

まことに不思議な事件である。初め橘諸兄らに支えられ、次いでは仲麻呂以下の藤門に擁立されたはずの天皇が、突如として薬師寺に押し込められ、退位を強制されたのだ。実母は藤原宮子、皇后もまた藤原光明子とする天皇である。藤橘両氏とも、この帝を排する理由はない。南都の坊主どもが騒ぎ立てても、抑えつけられぬはずはなかろう。

にも拘らず、大仏の完成直前になってこうなってしまった。読者各位は、かつてこの天皇が広嗣の乱に際して平城京を逃れ、五年間も各地を転々した事実を覚えているだろう。あのときの目に見えぬ脅威、それはやはり唐機関というか、唐勢力を恐れたものであった。今、天皇家本来の神道に触れたばかりに帝は奈落の底に突き落された。こう考えると、藤原氏はおろか、天皇をも凌駕する超権力が依然存在していたと言う以外になく、聖武退位の謎もそれなしには解けないであろう。

これほどの問題を起こした大赦の勅書だが、勿論この文章は聖武自身が書いたものではない。側近にある官僚の誰かの手に成ったはずである。しかし、天皇退位の後に処分された者は一人もいない。ただ、しかし、孝謙女帝即位とともに正三位大納言となった藤原仲麻呂は、翌月十日には紫微令を兼ね、年の改まった天平勝宝二年正月には吉備真備を筑前守として下降させ、摂津大夫も更迭して多治比占部を充てるなど辣腕を振るう。彼は、新女帝の春宮大夫だった真備こそ、聖武退位に一役買った危険分子と睨んだのかもしれない。

遣唐大使の抑留

大仏開眼が行われた天平勝宝四年（七五二）四月九日、孝謙女帝が東大寺の帰途一泊したのは大納言仲麻呂の田村《たむら》ノ第《てい》であった。もうこの頃から、彼女には仲麻呂が必要不可欠な存在になっていたらしい。女帝と大納言は、従兄妹である。

従兄妹といえば、大仏開眼の二か月前に出発した遣唐使団の大使藤原清河も、二人にはイトコであった。女帝は不比等の娘光明子を生母とし、仲麻呂は南家武智麻呂の次男、清河は北家房前の四男である。ところが、このときの遣唐使は二年後の天平勝宝六年正月、副使大伴古麻呂が帰り、同吉備真備らの船も紀伊の牟漏埼に流れ着き、四月には布勢人主らの船も薩摩に着いたが、第一船に乗ったという大使清河だけは帰国しなかった。『続紀』はこれについて、「使いを遣わして入唐第一船を尋訪《たずぬ》るに、其の消息に云う、第一船帆を挙げて奄美島を指して発去。未だ其の著く処を知らず」と、大宰府から報告があった旨記しているが、奄美を目指して何処から出帆し、どこでどうなったかさっぱり分からない。第一、大宰府がどこに使いを出して調べたかも不明である。

この藤原清河については、唐僧鑑真の来朝を記した『唐大和上東征伝』では同年十一月二十一日、「第一、第二両舟、同じく阿児奈波《おきなわ》島に到る」と記し、「十二月六日、南風起り、第一舟は岩に著いて動かず、第二舟は多禰《たね》に発向して去る」とある。また、『日本紀略』には「清河、天宝十二載、留学生朝衡（阿倍仲麻呂）と同船して帰朝、海路風に逢いて安南に漂泊す」とあり、随分後の光仁帝宝亀十年（七七九）になって『続紀』は、清河に従二位を追贈したという記事の中で、「廻《かえ》る日、逆風に遭い、唐国南辺驩州に漂着す。時に土人に遇い、船を合するに及んで害せらる。清河、僅かに身を以て免れ、遂に唐国に留まって帰朝するを得ず、後に於て十余年あり、唐国に薨ず」と書いている。

沖縄まで来た船が逆戻りして安南に漂着したというのもおかしいが、その安南から清河だけが長安に送られ、死ぬまで帰れなかったのはどうしてか？　いやしくも彼は、遣唐使団の大使である。清河が七十三歳で死去したのは唐代宗の大暦五年であるから、わが国では孝謙・淳仁・称徳三帝の後を受けた光仁天皇の宝亀元年（七七〇）に当たる。在唐実に十八年、これは一種の抑留と言える。

二つのことが想像される。

清河一行が長安滞在中の天宝十二年（七五三・天平五）正月、唐朝蓬萊宮で行われた元旦の儀式で、新羅が東列第一席を占めていたのに対し、我が国の席は西列第三番目に置かれていた。そこで副使大伴古麻呂が唐将呉懐実に抗議して、新羅と日本の席を入れ替えさせたという。これは、古麻呂自身が帰朝の後に報告したもので、大いに国威を宣揚した話として伝えられるが、しかし、新羅の代表団としては含むところがあったに相違ない。

新羅は、一時こそ対唐関係をこじらせたが、もとは唐軍とともに倭・百済を撃破した同盟国だ。このため、あることないことを並べ立てて清河一行を中傷したので、大使清河の抑留にまで発展したのではないかというのが、その一つである。

もう一つは、新羅など外国使臣の中傷ではなく、身内の中から清河を追い落とす工作がなされたのではないか——すなわち、仲麻呂によって橘諸兄・玄昉との権力奪取を断たれた吉備真備こそ、藤門を代表する清河の帰国を阻んだ張本人だとする考え方だ。真備は、二度目の訪唐である。唐の顕官とのコネも強かったであろう。唐の干渉を非難した広嗣の従兄弟である清河を中傷するにはこと欠かない。やがて、権力の座にカムバックする真備のその後から見ても、この程度の謀計を組立てられない男ではない。

その頃の唐帝国は玄宗の晩年で、かつての名君玄宗も楊貴妃に振り回されており、安禄山の乱が起こる寸前であった。従って、唐側が危険なものは事前に排除したり隔離したりする要素は強かった。おそらく、真備はここを衝いたと思われる。

つまり、この時期にあっては、唐の積極的干渉というより、その介入を口実とした日本内部の主導権争いが激化し、唐朝の権威がもっぱら利用されていたと言えよう。藤橘両氏の奪権闘争も、清河の抑留事件も、その範疇に属する。

やや主題から逸れるが、二十世紀の敗戦国日本でも、アメリカから直接的に要求されない問題についてさえ、国内の政治家や官僚によって「アメリカの権威」が利用され、食糧自給率を低下させたり、炭鉱を潰してエネルギー源を石油に転換させたり、家族制度を崩壊させるなどの政策が推進され、ときにはそれが政権争奪の具に供されたりしている。アメリカにとっては、とんだツラの皮であろうが、もともとは戦争後の占領時代からの干渉と介入で種を撒いたのだから、致し方あるまい。千三百年前、大唐帝国がその役割を演じたのである。

第九章　権力に必要な親唐

親唐を競いつつ展開する奪権闘争

唐朝の示唆や助言を圧力に転用したり、事大主義的な〝権威〟を適当に利用したりすることで、当時の貴族や官僚が権力保持乃至奪取を企図したのは、格別に仲麻呂とか真備に限られた話ではない。天皇以下、支配層の総てがそうなっていた。

たとえば、例の国威宣揚で売り出した遣唐副使大伴古麻呂の船に同乗して来日した鑑真は、必ずしも唐朝の命を奉じてきたわけではなかったのに、唐から来たというだけで大変な歓迎と優遇を受けた。彼は天平勝宝六年（七五四）二月一日難波に着き、道璿ら三十数名の出迎えを受け、翌日入京に際しては安宿王らが羅生門から東大寺まで案内し、実力者藤原仲麻呂以下の高官多数も表敬訪問し、吉備真備は勅使として熱烈歓迎の勅語を読み上げ、今後の受戒伝律を委ねる旨告げた。そして四月になると、大仏殿の脇に戒壇を設け、孝謙女帝をはじめ聖武太上皇・光明皇太后が受戒、五百人を超す僧侶も旧戒を棄てて鑑真から戒を受けた。翌年十月、鑑真は大僧都となる。彼はこれで法界最高の地位に就き、絶大な権力を掌握したわけである。

しかし、女帝と仲麻呂が鑑真を重用した――というより、その背後にひそむ大唐の権威を利用するため彼を尊重した期間は短かった。それでもまだ、信心深い孝謙女帝は鑑真を個人的に崇拝する気持ちもあったようだが、政治家仲麻呂はあくまでも現実的だった。

　鑑真が来日した翌年、つまり玄宗皇帝の天宝十四年（七五五）、安禄山が兵を挙げて洛陽・長安に攻め込んだのである。このため玄宗は都を脱出し、四川に蒙塵《もうじん》したが、途中で愛妃楊貴妃に賜死を命じなければならなくなり、従者高力士が貴妃を斬った。安禄山は間もなくわが子に殺されたが、今度はその部下の史思明が挙兵し、唐朝は危機に瀕した。

　この騒乱は、史思明が死んだ後二年も続き、七六三年に至ってようやく鎮まったが、この間に玄宗は退位し、粛宗を経て代宗が帝位を継いだものの、唐朝は次第に衰退を余儀なくされ、とてもじゃないが周辺国の内政に直接干渉するほどの余裕はなくなった。

　当然、事の次第は平城京にも達した。孝謙女帝は天平宝宇元年（七五七）、備前国の開田百町歩を鑑真の東大寺唐禅院に与えたが、その翌年七月、またまた生じた藤橘両氏の抗争から退位せざるを得なくなり、八月には天智女系の淳仁天皇が即位する。この退位の原因にはいろいろ伝えられるが、主因はやはり親唐を競う藤橘両氏の権力争いにあった。

　事の発端は、鑑真が来日した年の七月、世を去った生母藤原宮子の後を追うように、聖武太上皇が崩御した天平勝宝八年五月二日、遺詔によって新田部親王の子道祖王《ふなどのおう》が皇太子となったことに始まる。新田部親王は天武の皇子で、その母は藤原鎌足の娘五百重である。従って、道祖王は純天武男系の皇子である。ところがこの皇太子は聖武帝の服喪中に淫蕩な振舞いがあったとの理由で、翌年の三月には廃太子の憂目に遭う。代わって候補者となったのが、廃太子の実兄塩焼王と舎人親王の子である船王《ふねのおう》・池田王・大炊王の三兄弟である。

次期皇太子の選任は、孝謙女帝臨御の御前会議で行われた。席上、仲麻呂の兄右大臣豊成と北家の永手は塩焼王を推し、摂津大夫文室珍努《ふみやのちぬ》と左大弁大伴古麻呂は池田王を支持した。大納言仲麻呂は自分の意見を出さず、「臣を知る者は君にしかず」と女帝の意に任せると述べた。これを受けて孝謙は、次のように発言した。

始王は閨房修まらず、池田王は孝行闕《か》くることあり。塩焼王は太上天皇責むるに無礼を以てせり。唯、大炊王、未だ長壮ならずといえども過悪を聞かず、此の王を立てんと欲す。

なんのことはない、彼女は仲麻呂、さらには生母光明子の考えに添って裁断しただけであった。なぜか――それは、廃太子と塩焼王の父新田部親王が天武男系であったのに対して、舎人親王は天智帝の娘新田部皇女を母としていたから、天智系を正統とする廷臣の支持を得易いとの理由による。といっても、それはあくまでも表向きで、実は仲麻呂・光明皇太后、そして孝謙自身にとっても最年少の大炊王を立てる方が御しやすいと考えたのが本音であっただろう。また、当の大炊王にしても、舎人親王の末子（七男）である自分が皇位継承者になれるなどとは思ってもいなかったはずなので、仲麻呂ら擁立者に対して頭が上らなくなるのは当然と言ってよい。

この頃既に、仲麻呂の手元には唐における安禄山の変事も届いていたであろう。首尾よく大炊王の立太子に成功した彼は、ここで自らの権力を確固たるものにすると同時に、皇統の確立に繋がる廷内の粛清を思い立つ。すなわち、先に失脚した左大臣橘諸兄が二年前の天平勝宝七年十一月、酒の上とはいえ食言を冒したことがあり、その内容を追及しようとする動きもあったが、聖武太上皇はあえて諸兄を処罰しなかった。これは、仲麻呂と孝謙女帝に絡まるスキャンダルであったといわれるが、しかし、橘氏を中心にこれを表面化させ、孝謙の退位と仲麻呂の追い落としを策する動きは根強く残ったと見なければならない。

肝心の諸兄は、皇室自体のボロが出ることを恐れた聖武によって不問に付されたものの、問題の失言の二か月後に七十四歳で死んだので何もできなかったが、橘氏復権の志はその子奈良麻呂によって継がれた。

ところが、現実政治の面で一枚も二枚も上な仲麻呂は、逆に彼らの動き出すのを待っていたのである。聖武の一周忌が終わった天平勝宝九年五月、たまたま内裏の改修工事のため女帝が仲麻呂の田村第を行在所として移った際、山背王がこれを弾劾し、次いで橘奈良麻呂が田村仮宮を包囲する作戦を立て、これにあの大伴古麻呂も同調するという情報を摑んだ。そこで七月二日、仲麻呂は女帝に詔勅を出させ、近頃王や諸臣のうちに宮居を囲むため兵を備える者があるというが、そういうことに対しては自分一人が許すつもりでも、法に従って治めなければならないのだから、それらの者は家門の名を汚さぬよう忠勤に励まねばならぬと決めつけた。

このあたり、女帝―仲麻呂の側は余裕たっぷりである。しかも同日、仲麻呂の下には、黄文王・安宿王・奈良麻呂・古麻呂らの間に皇太子大炊王と仲麻呂を殺し、精兵四百で田村第を囲み、陸奥将軍古麻呂は美濃から引き返して拝謁を願い、関を封鎖するなどの計画があるとの密告者が現れた。その名は、上《かみつ》道《みちの》斐《ひ》太《た》都《つ》という。

翌三日、田村第に呼び出された塩焼王・安宿王・黄文王と奈良麻呂・古麻足の五人は、光明皇太后の言葉として「お前たちは皆、自分と近い者だから謀叛などないと思うので、罪を免じる」と告げられた。しかし、翌日には小野東人らを藤原永手などが取り調べたところ、一味は仲麻呂を殺害したのち大炊皇太子と光明皇太后を排し、右の三王に廃太子道祖王を加えた四人のうちから皇位継承者を選ぶという謀計が浮び上がった。

こうなると、後は拷問である。黄文王・道祖王・大伴古麻呂・小野東人・多治比犢養《たじひのうしかい》・賀茂角足《かものつのたり》らは杖に打たれて死に、安宿王は妻子ともども佐渡に流刑、その他これに繋がる者も多くが獄死または遠流となった。そしてさらに、右大臣藤原豊成の子乙縄が連座していたとされ、日向国の員外掾《じょう》に左遷、父豊成も大宰府の員外帥に降下されたが、どういうわけか四王のうち塩焼王だけは罪を免れた。

どういうわけか――といえば、通称を「奈良麻呂の乱」と名づけられた事件なのに、当の奈良麻呂の処分は『続紀』のどこにも出てこない。奇妙というより、奇怪である。しかも、彼の死後八十六年を経た仁明天皇の承和十年（八四三）には贈従三位、同十四年には贈正一位太政大臣となっている。しかも、その仁明帝の生母は嵯峨天皇の皇后橘嘉智子であって、彼女は奈良麻呂の孫娘である。

私が、奇妙というより奇怪であると言うのは、これだけの大反逆の張本人であるはずの奈良麻呂の子清友が内舎人という地位を占め、その娘は皇后になるなど、まるで「奈良麻呂の乱」なるものが夢か幻かのように扱われているからだ。

仲麻呂の狙いはハッキリしている。この事件は、天武男系に繋がる皇位継承権者の抹殺であった。安宿王と黄文王の父親は有名な長屋王であり、天武の第一子高市皇子の子である。そして、塩焼王と道祖王の父はこれまた天武の子新田部皇子である。いずれも天武男系、それも天智女系とは結びつかない血筋であった。勿論、先にも記した通り、皇太子大炊王も天武の子舎人親王を父親とする天武男系に相違はないが、舎人親王の生母は天智帝の皇女であるから天智女系の血を引く。それは聖武朝の初期、生後一年にも満たない皇太子が夭折した後、左大臣だった長屋王が謀叛人にされたのと同じく、天智系と結びつかない皇位継承権者の抹殺と言える。同時に、不比等以来の藤原一門が自在に操れる者でなければ皇位に就けないということの証明でもあった。

とすれば、橘奈良麻呂の役割とは一体全体なんであったのか？　歴史辞典などによると、奈良麻呂の生年は不詳だが、没年は乱のあった年、つまり西暦七五七年とする。しかしどうも、このあたりは信じ難い。単純な頭の持主だった奈良麻呂を仲麻呂が適当に泳がせて四王を煽り立て、謀叛の容疑を着せて首尾よく抹殺した後、奈良麻呂だけをどこかに隔離したのではないか。彼を生かしておいても、格別に害がないと判断できるほど、この当時の仲麻呂は絶対的権力を握っていたのである。

藤原四家直系の人々には、始祖鎌足が天智帝の股肱であり、それゆえに天武期には家祖不比等が冷飯を食わされ、地底から這い上がるような辛酸を舐めてきたことが染み込んでいたに違いない。藤原氏は、謀略の家系である。奈良麻呂などを使い棄てるくらい、いともたやすかったであろう。その代わり、奈良麻呂の子らの地位は保証した。だから清友は内舎人となり、甥の逸勢も官位に就いたし、孫娘は皇后ともなったのである。仲麻呂は、政敵諸兄を失脚させたのち、奈良麻呂が亡父の怨念を抱き続けていたのを知っていた。従って、彼の動きには絶えず目を光らせており、反藤原勢力の動向も逐一把握していた。「奈良麻呂の乱」というのは、仲麻呂の掌の上で奈良麻呂が踊らされていたに過ぎない事件であったのだ。

このような仲麻呂であったが、先に橘諸兄が食言したように、彼と女帝の仲は一種のスキャンダルとして流され、「奈良麻呂の乱」という荒療治まで施したけれども、一向に収まらなかった。そこで彼が思い立ったのは、なんと孝謙女帝の退位という、より荒っぽい手法である。ただし、孝謙は上皇として淳仁（大炊王）と並び立つ存在で、仲麻呂とともに天皇の監督者であることに変わりはなかった。

天平の再軍備

孝謙の譲位によって登極した淳仁帝は、その立太子の経緯からして仲麻呂の意のままに動かざるを得なかった。彼を推したのは、表面的にこそ孝謙女帝だったが、事実上光明皇太后と仲麻呂であったことは先述した通りで、即位直後仲麻呂は大保となり、藤原の姓に恵美の二字を加えられ、押勝の名まで授けられた。従二位大保兼中衛大将藤原恵美朝臣押勝というのが、これ以後の仲麻呂である。

彼はこの頃から、親唐を装いながらも自主独立の日本を模索し始めたようであった。天平宝宇二年八月一日、新帝が出した一連の詔勅の中に、唐僧鑑真に大和上の称号を与える一方で、「政事躁煩にして、敢えて労せじ、宜しく僧綱の任を停《とど》むべし」と、これまで鑑真が握っていた僧尼に対する任免権を剝奪する旨の一文がある。難波宮の鴻臚館はまだあったし、摂津職なる役所も存続していたが、しかし、唐機関による直接的干渉はないと判断した彼の措置である。

廟堂随一の権力者となった彼は、もはや自分に敵対する者などいないと思ったのであろうが、たとえ安史の乱以後唐の直接的干渉はなくなっても、親唐第一の事大主義者はゴマンといた。信心深い孝謙上皇はもとより、鑑真に帰依していた者も少なくなかったのだ。しかも、れっきとした唐人さえ朝廷内部に力を持っていた。例の玄昉や真備の船に同乗して来日した皇甫東朝・同女昇そして袁晋卿、さらには天平勝宝二年に名を出した李環元などがそうである。彼らは一様に、親唐政策を掲げる仲麻呂が鑑真から権力を取り上げたことに首を傾げた。首を傾げたというより、内心に鬱屈した思いを蓄えたのである。

そうした親唐分子の頂点に立つ存在が遣唐使帰りのナンバー1吉備真備である。彼は仲麻呂によって大宰府に飛ばされて以来、しばらく鳴りを静めていたが、己れの権力に自信過剰となった仲麻呂には多年含むところがある。隙あらば宿怨を晴らそうと機会を窺っていたが、その好機は向こうの方から転げ込んできた。

『続日本紀』は、淳仁即位直後の天平宝宇二年十二月の条で、三年前に発生した安禄山の乱を初めて取り上げ、遣渤海使小野田守の報告という形でかなり詳細に事件の内容を記しているが、その後に、「安禄山はこれ狂胡狡竪なり。天に違いて逆を起す」と決めつけるとともに、これらの逆賊どもはさらに進んで海東（朝鮮）に侵略してくるかもしれず、この際我が国としては軍事防衛の策を整えなければならないとする。

そこで仲麻呂政権は、大宰府の帥舟王と大弐吉備真備に「たとえ（相手が）来ても来なくても必要な防衛策を立てよ」と命じた。鑑真から僧尼任免権を奪った仲麻呂が、この時期まで安史の乱を知らなかったはずはないから、これは安史の乱に便乗した日本の再軍備である。敵が来ても来なくても――というのが、その現れと言える。

翌天平宝宇三年（七五九）三月、吉備真備は「四不安」と称する建議書を奉呈した。これは、①博多大津より壱岐・対馬にわたる海域の防衛には百隻以上の舟が要ること。②大宰府は三面を海に囲まれ、朝鮮と向き合っているのに、東国からの防人を廃止して以来手薄になっていること。③耕しつつ戦うは古人も善と言う。そこで自分（真備）は五十日教練して五十日築城に従わせたいのだが、同僚の中には反対の者もいること。④昔と違って今は百姓が貧しくなっているので、兵の優遇措置をしなければならないこと。以上四点について不安がある、と述べたものだった。

この結果、朝廷はほぼそれを認めて本格的軍備拡張に乗り出した。すなわち、北陸・山陽・山陰などの諸国に命じて三年以内に舟五百隻を造らせることとし、九州七か国には鎧や刀、弓矢の増産を命じ、全九州から兵士一万二千五百人、子弟六十二人、水手四千九百二十人を動員、船百二十一隻の建造を命じるなど、着々と軍備を進めた。また、春日部三関らに吉備真備から軍学を研修させ、美濃・武蔵の若者各二十名を集めて新羅語を学ばせた。これらは、明らかに新羅を仮想敵国に見立てての増強であった。

この間、吉備真備は西海道節度使として九州地区を取りまとめ、軍学師として諸葛孔明や孫子の兵法を教えたが、やがて待ちに待った中央への復帰となる。天平宝宇八年正月、東大寺造営の長官に発令されたのがそれだ。恵美押勝となった仲麻呂にしてみれば、自分の意に添う再軍備に忠実だった真備である以上、都に帰しても大丈夫と判断したのかもしれないが、真備はそれほど単純なネズミではなかった。

上皇、大いに怒る

これより先の天平宝宇四年（七六〇）六月、孝謙上皇の生母光明皇太后が六十歳で亡くなった。その二か月後、仲麻呂は父不比等に淡海公という名称を贈り、近江国を永久に藤原南家の支配下に置こうと考えた。彼はまず、近江に保良宮《ほらのみや》という新宮を建て、ここを天皇・上皇らの保養地とすることにした。

運命とは、皮肉なものである。この保良宮で孝謙上皇はあの道鏡と出会い、心ならずも譲位した淳仁帝からの皇権奪回を思い立ち、遂には仲麻呂をはじめ藤原恵美家に繋がる勢力を撲滅してしまうのである。

驕慢児仲麻呂は、孝謙を政治的に利用はしたが、決して本心から愛してなどいなかったであろう。彼女を退位に追い込み、自ら操り易い淳仁を立てたのはその現れと言える。それでも女帝の方は母光明子の死ぬまでは、じっと我慢の日々を続けていたのだが、母皇の死と道鏡の出現で彼女は開眼する。といっても、従兄であり愛人でもあった仲麻呂に直接的な怒りや怨みをぶつける勇気はなかった。彼女が当面の敵としたのは、自分が皇位につけてやった淳仁新帝である。

天平宝宇五年、上皇は病を得て保良宮に移り、弓削《ゆげ》の道鏡の看病を受ける。道鏡は「宿燿の秘法」なるものを用いて治療し、四十三歳の女帝の寵を一身に集めた。母皇太后を喪い、仲麻呂からも疎外されていた孝謙にしてみれば、もはや頼るのは彼一人という思いであったのかもしれない。

病癒えた上皇は、翌六年（七六二）六月、五位以上の者を集めて淳仁帝に対する宣戦布告とも受け取れる宣命を出す。

朕が御祖大皇后（光明）の御命以て朕に告げたまいしく、岡宮御宇天皇（草壁）の日継はかくて絶えなむとす。女子の継ぎにはあれども嗣がしめむと宣りたまいて、此の政行いたまいき。かくして今の帝《みかど》と立ちてすまいくる間に、うやうやしく相従うことはなくして、斗卑《とひと》等の仇のある言のごとく言うまじ辞《こと》も言いぬ。不為岐行《すまじわざ》もしぬ。おおかたかくいわるべき朕にはあらず、別宮に御坐坐《おおまし》まさむ時しかえ言わめや。此《こ》は、朕が劣《おじな》きによりて、しかく言いふらししと念《おも》しめせば、愧《はず》かしみ、いとおしみも念おす。またひとつには、朕が菩提の心を発すべき縁《よし》にあるらしとなも念おす。是を以て出家して仏の弟子と成りぬ。但し、政事は常の祀《まつり》小事は今の帝行いたまえ、国家の大事、賞罰二柄《ふたつのもと》は朕行わむ。かくの状、聞きたまえ悟れ。

これは、お前は私と同じ宮に住んでいるくせに、「言ってはならぬこと」を口にし「してはならぬこと」を口にした——と、淳仁の言動に激怒し、政治の大権を取り上げると宣告したのだが、言ってはならないこととは、言うまでもなく道鏡との関係であり、してはならぬこととは天皇が二人を引き裂く工作をしたことを指すのであろう。私が出家した（つまり、道鏡の弟子になった）のは、ただただ菩提心の発露なのだから、その師を敬愛して何が悪いのかと、今度は開き直ってみせ、だから今後は日常的祭祀のような小事だけをお前はやりなさい。国家の大事や賞罰は自分が行うと宣言し、「かくの状、聞きたまえ悟れ」と頭ごなしに叱り飛ばしたのである。

仲麻呂も当然、この席にいたであろう。彼は、いささかヒステリックな上皇の宣命をどのように聞いたか？　不思議なことに、この時期の彼は沈黙している。これまた、親唐の大義名分が男帝より女帝にあることと、藤門系として見ても淳仁より孝謙の方が近い存在であったこと、さらにはどちらにせよ、実権を握る自分からすれば二人の不仲など、所詮コップの中の争いぐらいにしか見なかったのではないか。位人身を極めた仲麻呂は、孝謙を一人の女として眺めていながら、しかもその女の性《さが》に潜む業火を見逼していたのである。

仲麻呂の失脚と淳仁廃帝

孝謙上皇に恫喝された淳仁帝は、後楯に仲麻呂が控えていることから、まだ天皇の権威は保持されると思い込んでいた。しかし、孝謙の目は彼を通り越して仲麻呂に注がれ始める。それは、彼女の目というより実は仲麻呂の専横を憎む吉備真備以下の親唐官僚、とりわけ廷内に根を張りつつあった前記の唐人たちそのものであり、また弓削道鏡でもあった。しかも、先の「奈良麻呂の乱」に際し、実兄の右大臣豊成父子を左遷したことから、彼は藤原一門の信まで失いつつあったのだ。

天平宝宇八年（七六四）九月、太師仲麻呂は四畿内・三関ならびに近江・丹波・播磨の兵事使となり、まさに文武の権を一手に掌握した。勿論、このような人事は国家の大事であるから、高野なる孝謙上皇の発令である。これで、仲麻呂をすっかり安心させたところで、突如として上皇は行動に出た。

兵事使の発令が九月二日、その九日後の十一日のことである。孝謙の命を受けた山村王が淳仁帝の中宮院に保管していた鈴印を奪取し、取り返そうとする仲麻呂の子訓儒麻呂《くずまろ》の手の者と揉み合いになった。上皇方は素早く訓儒麻呂を射殺し、「太師正一位藤原恵美朝臣押勝、併せて子孫、兵を起して逆をなす。すなわち官位を解免し、併せて藤原の姓字を除く」との勅命を出した。

兵馬の権を握った（正確には、握ったと思っていた）仲麻呂は、宇治から近江に出て兵を挙げようとしたが、瀬田の大橋が焼かれたため琵琶湖を迂回し、高島郡から北陸に遁れようと敦賀に向かったもののここでも敗北し、逃げ場を失って湖上に出たところで捕えられ、妻子郎党三十四人とともに斬殺された。まことに呆気ない、驕慢児の最期ではあった。

なんのことはない、仲麻呂は孤立していたのである。それは、仲麻呂追討に動員されたのが藤原永手（北家）・吉備真備・藤原縄麻呂・大津大浦・牡鹿嶋足・中臣伊勢老人などで、彼を斬った後、実兄豊成は右大臣に復帰、その子継縄が越前守として登用されたことでも明らかである。これまた、「仲麻呂の乱」などと言うが、実態は用意周到に女帝の側が準備し、兵馬使発令で仲麻呂を釣り、鈴印で挑発し、間髪を入れず武力で討滅した一種のクーデターであった。

大唐は、日本の軍備拡張を嫌う。従って、再軍備に狂奔した仲麻呂は危険分子だ——という大義名分も女帝を踏み切らせる材料であっただろう。この筋書を書いたのは、言うまでもなく吉備真備である。彼はこの年正月に、仲麻呂が筑紫から呼び戻し、東大寺造営の長官となっていた。彼にとっての再軍備は、この日のクーデターに備えたものであったと言える。仲麻呂追い落しの鮮やかさは、軍師真備の存在を改めて見せつける。

こうなると、後は思いのままである。翌十月九日、山村王らの手勢数百が淳仁天皇の中宮院を攻め、捕えると同時に退位を強制し、元の「大炊王」に降下して淡路に流した。そして、上皇孝謙は重祚して称徳天皇となり、その寵愛を受ける弓削道鏡は禅師から大臣禅師となったが、翌年閏十月には前例もない太政大臣禅師なる官位に就き、さらに次の年には「法王」となって天皇と並ぶ。但し、道鏡という人物自身は政治の面にはあまり才能も興味もなかったようで、むしろ孝謙改め称徳女帝に振り回されて仰々しい称号を受けたにすぎない。彼がやったのは、法王宮職を設置して渡来系の人物を登用した程度だ。

一方、称徳女帝は復位後も絶えず道鏡の屋敷がある河内に行幸した。やがて、道鏡邸は由義宮《ゆげのみや》、西の宮と呼ばれ、遂には「西の京」と称するまでになる。そして道鏡が法王となった天平神護二年（七六六）十月には、藤原永手が左大臣、吉備真備は右大臣となったほか、李元環が従五位上、皇甫東朝・同昇女が従五位下、袁晋卿が従六位上というように親唐勢力が権力を握った。女帝と法王を迎えた河内の葛井《ふじい》・船津・文・武生・蔵など各氏の男女二百三十人が歌垣を演じ、「乙女らに　男立ちそい　踏みならす　西の京《みやこ》は万世《よろずよ》の宮」と歌ったのは神護景雲四年（七七〇）三月である。彼らはすべて渡来系の人々であった。

これは、しかし、女帝称徳にとっては最も幸福な時期であり、消える寸前の蠟燭にも似て、あえかな光《こう》芒《ぼう》を放った瞬間であったかもしれない。同時にそれは、血みどろな奪権闘争を経て権力の座に就いた吉備真備ら親唐派にとっても、所詮は儚《はか》ない邯鄲《かんたん》の夢枕にほかならなかった。

この年八月四日、称徳天皇は突然崩御したのである。宝算五十三。翌月、右大臣吉備真備は致仕する。己れを知っての鮮やかな進退であった。

第十章　自主独立への道

天智男系の天皇復活

唐による内政干渉が衰えて以来、年中行事のように繰り返された奪権闘争を見て気がつくのは、いつの場合にも弱そうな側が勝っていることだ。いや、これは別段、「安史の乱」後、唐朝のタガが緩んでからのことではなく、唐の機関が直接介入した「壬申の乱」でさえそうであった。

近江朝と吉野の大海人、藤原四家の当主が相次いで斃れた後の橘諸兄と仲麻呂、そしてその仲麻呂を倒した孝謙上皇、そのいずれもが弱いように見られた側の勝利に帰した。なぜであろう？　勿論、これらの間に起こった長屋王とか、藤原広嗣とか、橘奈良麻呂とか、半ばデッチ上げられた事件では勝つべくして勝つ強者が相手を抹殺している。しかし、これらは奪権闘争ではなく、権力を保持する側が反体制分子を押し潰したに過ぎぬ。長屋王にしても広嗣・奈良麻呂にしても、自ら覇権を奪取しようとしたのではない。

では、どうして奪権闘争で強者が破れたのか——となると、その第一には権力の座にあった者の驕りである。驕りからきた油断と言ってもよい。もう一つは、唐に対する大義名分である。どちらの掲げる政策がより親唐的であるか、どちらの方が唐に喜ばれるかということだ。

何度も記すように、安史の乱後、唐朝による直接的干渉や介入は薄らいでいたが、そのような外圧より、大唐さまざまの遺習による内部の事大主義が政変に物を言うという、まことに自主性を欠いた常識が当時の支配層の思考を占めていたのである。つまり、唐の知らないところで唐へのゴマスリが幅をきかせ、それを正当とする気風が醸成されていたのである。なんとなく、アメリカの中近東戦略に追従した二十世紀日本の自民党政府に似通っている。この点は、自民党内の権力争いでも親米の度を競うのと等しい。

安史の乱は西暦七五五年から七六三年にまたがった。我が朝の孝謙末期から、淳仁七年にかけてである。この間に仲麻呂は、これまでタブー視されていた再軍備を進め、兵馬の権を一手に握ったつもりになった。これは仲麻呂という政治家が、唐による直接的干渉はないと見た現れであろう。

しかし、天皇以下多くの廷臣たちは、独裁者仲麻呂より幻の大唐を恐れた。もう一人の親唐官僚吉備真備も、唐を背景に利用はしたが、もはや唐国に昔日の威光がないことぐらいは知っていた。だから彼は、称徳女帝が崩御し、天智男系の光仁天皇が登場するとともに自ら致仕したのである。

称徳崩御のとき、後継皇太子はいなかった。そこで左大臣藤原永手・右大臣吉備真備に参議兵部卿藤原宿奈麻呂・参議民部卿藤原縄麻呂・参議式部卿石上宅嗣・近衛大将藤原蔵下麻呂が加わって合議し、突然これまで名も出てこなかった白壁王の擁立を決定した。白壁王とは、天智天皇の子施基皇子（志貴とも書く）の第六子、すなわち天智直流男系の復活であった。

勝宝以来皇極弐《つぎ》なく、人、彼此《かれこれ》を疑いて罪し廃せらる者多し。天皇深く横禍《おうか》（とばっちり）の時を顧みて、或いは酒を縦《ほしいまま》にして迹《あと》を晦ます、故を以て害を免るるは数《あまたたび》なり。

『続日本紀』の光仁紀は、このように記す。これは、孝謙期に皇太子がおらず、継承権のある皇子たちは罪を被ったり廃されたり危険な目に遭ったので、白壁王は酒を呑んで酔いどれたり、バカの真似をして幾度も害を免れてきたという意味だ。唐あるいは親唐分子によって、天智男系の男子は最も危険な立場にさらされていたのである。

しかし、後継者選びに参画した大臣たちは、二つの理由からこの王子擁立を決めた。一つは、もはや唐による干渉などないと判断し、正統である天智男系に戻してもよいと考えた者たち、もう一つは酔いどれで阿呆ならばよかろうと思った連中である。誰がどのように判じたかは、今となっては分からないが、藤原一門の多い場であってみれば、天智男系の男子が継承するのに異議はなかったはずだ。吉備真備はこのとき、一応は天武系の智努王または大市王を推したというが、多勢に無勢、致仕する覚悟を固めたと思われる。

白村江の戦いから百七年、皇統はようやく正系に戻ったのである。このとき白壁王は六十二歳、皇太子としてまず称徳女帝を高野山陵に葬り、道鏡をその陵下の庵に移したが、間もなく下野国薬師寺に流す。そして十月、即位とともに宝亀と改元し、民生の安定と蝦夷地の開発に力を注ぐ。在位十一年、この間に井上皇后・他戸《おさべ》皇太子の廃位という暗い事件もあったが、藤原百川らの画策で百済系の高野新笠が生んだ山部親王が後を嗣ぎ、桓武天皇となる。この桓武帝が藤原緒嗣を内舎人に登用した延暦七年（七八八）、「是、汝の父の献ずるところの剣なり、汝の父の寿詞、今に忘れず、ひとたび想像するごとに涙下る。今、以て汝に賜う、宜しく失うことなかるべし」との勅書を下したのは、緒嗣の父百川が例の黒作懸佩刀を山部親王に献じ、それをまた緒嗣に授けたことを物語る。これは要するに、不比等―宇合―百川―緒嗣の藤原式家に皇嗣決定権があったということで、徹底的に天武男系を排し、天智女系から天智男系の復活を期した不比等の執念と言ってもよい。

しかも今、不比等の時代とは違って、皇位が誰に行こうと唐による直接的干渉はなくなったのである。にも拘らず、黒作懸佩刀の授受が桓武帝のときまで続いたのは、対唐追随の忍従期を巧みに利用し、その特権を藤原氏自体のものとした抜群の政治力と言わねばならない。大官僚不比等の築いた謀略の家系がここにはある。

かくて、その後千年にまたがる平安京が建設され、延暦十三年（七九四）遷都となるに及んで、既に形骸化していた難波宮（唐機関）も、摂津職なる役所も同時に廃止され、名実ともに自主独立日本への第一歩を踏み出した。しかし、百余年もの長い間続いた親唐政策の遺風は桓武期の延暦二十三年（八〇四）、仁明期の承和五年（八三八）というように藤門出身者を大使とする遣唐使を出しており、宇多天皇の寛平六年（八九四）に至って菅原道真が廃止するまで続くのである。

このような対唐忍従の百年間に、不比等以来の藤原氏は天皇家との血縁関係を二重三重に積み重ねた。聖武（母）・孝謙・称徳（母）・淳仁（祖母）まではもとより、光仁・桓武を経た後も平城（母）・嵯峨（母）・淳和（母）というように母系を藤門で占め、仁明（祖母）の後の文徳（母）・清和（母）・陽成（母）・光孝（母）と続いて宇多（祖母）の次には醍醐（母）・朱雀（母）・村上（母）・冷泉（母）・円融（母）・花山（母）から、さらに一条（母）・三条（母）・後一条（母）・後朱雀（母）というように際限なく藤原系天皇が続くのである。世にいう藤原摂関政治は、こうして出来上がった。典型的な外戚政治である。しかも、この間には四家のうち北家が主流としてのし上がる。

ただし、この内で生母を桓武帝の孫班子《はんし》とする宇多天皇が藤原基経の死後関白を置かず、菅原道真を抜擢して親政の形をとり、遣唐使制を廃止したのは特筆すべき事柄だが、実はその反動として次の醍醐期に道真は失脚するのである。

かくて、光仁老天皇の即位で、曲がりなりにも我が国は唐の羈絆《きはん》を脱した。次の桓武が難波宮と摂津職を廃止し、平安遷都を行ったのは、まさにこのことの証明でもあろう。

空位空名の天皇

光仁即位の後も、皇統の後嗣をめぐる争いは続いた。それは、白壁王時代の妃だった井上内親王が皇后となり、彼女を生母とする他戸《おさべ》皇子が十二歳で皇太子となったことから生じた「巫蠱《ふこ》の乱」と、桓武即位の後に起こった「藤原種継暗殺事件」と称するものである。

まず、前者の場合は、宝亀三年（七七二）三月、皇后が光仁帝を亡きものにして他戸皇太子の即位を実現するため、ひそかに呪咀《じゅそ》を行ったという疑いで廃后・廃太子の処分を受け、三年間幽閉されたのち母子ともども憤死した。

これは、完全に藤原百川ら藤門によるデッチ上げである。井上皇后は聖武帝の娘で、天智系の血統を辿るとすれば祖父文武の母元明女帝にまで遡らなければならず、藤原氏とは全く無縁の女性であった。言うなれば、天武男系の女子である。従って、これまでとは逆に天武系を排除し、純天智系の復活を目指す百川ら藤門にとっては、むしろ百済系の山部親王を後嗣とするのが既定方針であったから、母后にかこつけて他戸皇子を排除したのである。しかも光仁帝からすれば、他戸皇子は第四子、一方の山部親王は第一子であった。

次に、その山部親王が即位して桓武天皇となったとき、皇太子には新帝の同母弟早良親王が選ばれた。ところが、桓武帝には藤原良継（式家）の娘乙牟漏《おとむろ》が生んだ長子安殿《あて》親王があった。

たまたま延暦四年（七八五）九月、折から造営中の長岡京の建設現場で中納言藤原種継（式家）が巡回中に射殺された。調べてみると、犯人は大伴竹良・同継人の指揮を受けた兵士で、その主犯は前月死亡した東征将軍・中納言大伴家持と分かり、これには早良太子も了解を与えているとされた。これによって太子は乙訓寺《おとくにでら》に幽閉となり、淡路に配流されたが、無実を叫び続けて絶食していた太子は途中淀川のほとりで死んだ。享年三十六、遺体はそのまま淡路に護送された。代わって十二歳の安殿皇子が皇太子となる。のちの平城天皇である。

これらの事件は、いずれも藤原一門の施した謀略と言ってよい。天武男系の天皇期に外戚であり続けた藤原氏は、天智系天皇が復活しても、依然その特権を握り続けるために手段を選ばなかったのである。

勿論、この頃には唐機関による介入はない。藤門独自の謀略であった。この後にも、藤原薬子《ふじわらのくすこ》の乱をはじめ橘逸勢の叛、応天門の乱、阿衡《あこう》事件、菅原道真の左遷から承平・天慶の乱へと続くわけで、これらのすべてが藤原氏の専横に根ざしている。つまり、かつて大唐という外圧をもろに受けていた大和天皇家は、ここに改めて藤原氏という内圧を不可避とする体質を備え、空位空名に等しい「天皇」に甘んじて歴史を刻むのである。この間に一度途絶した天智の系統が、白村江から百余年を経て天武系と交替するという、巨大な政治ドラマも展開したが、しかし、その主役は常に天皇ではなかった。

中国や朝鮮、あるいはヨーロッパ各国の王朝交替は、王なり皇帝なり当事者自身を主役として行われたが、日本の場合は担がれる者より担ぐ側の力によって左右された。ここのところが極めて異例である。それはしかも古代に限らず、中世から近世、さらに現代にまで尾を引くのである。藤氏、平氏、源氏、続いて北条・足利、戦国を経て豊臣・徳川に至り、薩長藩閥政権から軍閥権力、我が国の歴史が暗かろうと明るかろうと、一貫して担がれ、利用されてきたのが天皇であった。この点、たしかに世界無類である。

二十世紀、時の権力はその天皇を神にしてしまった。現人神《あらひとがみ》天皇の名において出された命令や号令に反対や批判を加えることは許されず、それに背く者は「国賊」として処断された。政治も教育も、すべてが「天皇帰一」を大義として推進された。その結果、三百万人の生命が消え、二発の核爆弾が炸裂して、二度目の敗戦を迎えた。郭務悰ならぬマッカーサーの登場である。

一九四六年正月、天皇は「人間宣言」を発し、鴻臚館でないＧＨＱにマッカーサーを訪問したが、やがて日本国中を「御巡幸」ということで回った。摂津職ではなく、終戦連絡局なる役所が開設され、政府とＧＨＱとの連絡に当たったが、占領政策には政府も国会も反対は許されなかった。占領政策とは、千三百年前の唐化と質的に同じく、アメリカナイズの道であった。いつの時代にでも、権力者に利用されることで存在を保ってきた天皇なる地位が、今度はアメリカにまで利用されたわけだ。

天皇が「あらひとがみ」から「人間宣言」を発した年に公布された憲法では、天皇は元首でなく「象徴」ということになった。何の象徴かといえば、民族統合の象徴だと言う。はなはだ漠然たる地位だが、天皇個人からもその周囲からも異議は出なかった。振り返ってみると、我が国の天皇というのは一、二の例外を除いて、古代からずっと「象徴的」な存在に過ぎなかった。担がれる駕籠に、おとなしく乗っていただけであった。ちょっとでも主体的に行動しようとすると、たちまち本物の権力者の手によって排除された。そして遂に足利期の南北朝対立という悲劇を生み、傍系（北）が正系（南）に取って代わるに至るのである。

こう考えると天皇なる存在は、一般大衆のためにあるというより、権力者—支配層のために築かれた地位のようで、ご自身には何の能力も才覚も必要とはしないし、生半可それらを備えた天皇はむしろ疎外されてきたのがこの国の歴史であった。しかも、このような天皇及び天皇制を温存することで、自らの権力を維持する手段に供してきた歴代の支配層は、ある種の宗教にも似た天皇信仰を大衆に浸透させ、この国の歴史そのものまで神格天皇の治《しろ》しめしたまう万邦無比の国体という教育で抑え込んだ。所謂、皇国史観である。

しかも、この弊風は、二十世紀末の現在にさえ根強く保たれている。天皇陵ということに指定されている近畿一円の古墳発掘を拒む宮内庁、『日本書紀』の記述を鵜呑みにして歴史を教える社会科の教諭や教授たち、そして大嘗祭という天皇家の行事を国家行事として扱いたがる政治家や官僚である。

昔親唐、今親米

唐朝は西暦六一八年に始まり、昭宣帝の天佑四年（九〇七）に滅んだ。この間二百九十八年、約三世紀に跨がった。しかし、その最盛期は武則天の執権から玄宗治下のいわゆる盛唐時代で、日本をはじめとするアジア諸国に影響を及ぼしたのも主としてこの期間であった。特に敗戦国日本の場合は、白村江の戦いをはさんで盛唐の文化・文明とともにある種の強権的影響を余儀なくされたのだが、表面的にはその部分を蔽い隠し、ただ単に文化・文明だけが導入されたかのように扱っている。

それはいみじくも、二十世紀の日本が敗戦を「終戦」と言い、占領軍を「進駐軍」と呼び、日米安保条約を「日本を護るためのもの」と強弁したのに通じ、歴史の真相を糊塗したり、歪曲したり、あるいは抹殺したからであった。

だが、しかし、いつの世にも、事態の真実を伝えようとする人間は存在する。とりわけ『日本書紀』の編纂に従った史官や書生たちは、二十世紀を生きる学者や官僚にもましてその意欲が強く、権力の眼をかい潜りながら懸命に暗号にも似た筆致で点と線を紡いだ。だから『紀』の叙述には、その後の『続紀』には見られぬ意識的誤記や、作為の上にまた別の作為を重ねた表現があるのである。

私は先に、委奴国から邪馬壹国に至り、さらに『隋書』に言う倭国が玄界灘文化圏を形勢した海峡国家であったこと、従って倭国とは当然ながら大和とは無縁な国家形態であったことを自分なりに解いたが、もう一つの敗戦とも言うべき白村江の戦いがただ単なる局地戦ではなく、天智帝による列島統一のための対外戦争であり、その結果として唐の支配と干渉を不可避なものにしたことを突き止めた。壬申の乱、皇子・皇太子の抹殺、女帝の即位ラッシュ、異様な形で権力を把握した藤原不比等などなど、やはり「敗戦」を抜きにしては解明できないのではないか！

二十世紀敗戦の場合、東条内閣の閣僚であった人物が戦犯を遁れ、間もなく宰相の地位に就いて日米安保体制を半恒久化するのに重要な役割を果たした。なぜであるか、その裏面にひそむ謎はまだ解けていない。解けていないが、しかし、それ以後のアメリカナイズの進行は御覧の通りである。私の感覚では、アメリカもソ連も中国も外国に相違ないが、多くの日本国民はアメリカだけは別、外国であっても特別なものだと思っている。いや、思わせられてきた。それはまさしく千三百年の昔、不比等以来の藤原政権が唐一辺倒の政策で大唐さまさまの時代を現出したに等しい。

菅原道真の勇断

唐の権力による干渉乃至介入は、白村江の戦いから約百年続いた。それは、壬申ノ乱以後天皇や藤原氏以上の超権力が随所に顔を出すことからも窺われる。そして、その後はこの国の権力者自体が唐の〝権威〟を利用しつつ、親唐政策を競いながら奪権闘争や外戚《げしゃく》政治の維持に権謀術策を施したのである。逆に言うなら、唐権力の干渉乃至介入なるものがあったからこそ、それらが薄らいでも唐の〝権威〟を利用することができたわけだ。少なくとも、菅原道真による遣唐使制打ち切りまではそうであった。

対外戦争の敗北を隠し、外国による支配の事実を蔽う史書とは、歴史そのものの真実を歪曲して民衆に八紘一宇思想を植え付け、いたずらに天皇神格という迷信を信奉させたが、同時にこの国が行った対外侵略をも正直に認めず、明白な侵略を「進出」と言ったり、大量虐殺の事実を否定したり、植民地支配を「併合」などと表現する体質を育てた。アジアの諸国から、わが文部官僚の検定教科書が批判されるのはこのためである。

それはともかく、藤氏一門が唐化政策を進めることによって権力を保持し、二重三重に天皇家との血の混合を積み上げたのはこれまでに記してきた通りだが、藤門内部にさえ広嗣や仲麻呂などが出たように、主体性を奪われた歴代藤原系天皇の中からも政治改革を目指した人物はいた。

光孝帝の第七子、定省《さだみ》である。この皇子は、父光孝帝が藤原氏に気兼ねして多くの皇子・皇女を臣籍に降下した例にもれず、源姓を名乗って臣列にあったが、二十一歳のとき父天皇の病篤く、特に指名されて皇太子となり、崩御とともに即位した。宇多天皇である。

時の太政大臣は、藤原基経である。光孝天皇を帝位につけた彼は、自分の意思とは異なる新帝の即位に不満だった。そこで、天皇が彼を関白に任命したとき、勅書の中に「阿衡」という文字があったのに異を唱え、阿衡とは有名無実の官位であるから実務はとらなくてもよいのだとサボタージュを決め込み、政務を著しく渋滞させた。仁和三年（八八七）閏十一月のことである。学問的にその異説を出したのは、基経の家令藤原佐世《すけよ》であった。

これは、一種のイヤガラセであり、やくざ者のインネンつけに等しい。勅書を書いた橘広相《ひろみ》は文章博士である。結局、宇多天皇の方が折れ、翌年六月、「阿衡」なる言葉の使用は朕の本意にあらずとの詔勅を出した。しかし、基経は広相の処罰を求めてなお政務のサボタージュを続けたので、ますます政局は混乱した。このとき事態収拾に心を砕き、上京して基経に意見書を提出して翻意を促したのが、当時讃岐守だった菅原道真である。結局、不満ながらも基経は関白となり、橘広相も処罰されることなくすんだが、それから三年目の正月基経が五十六歳で死ぬと、宇多天皇は親政を目指し、摂政も関白も置かず道真を重用した。寛平三年（八九一）二月蔵人頭《くろうどのかみ》、三月式部少輔、四月左中弁を兼任し、四年正月には従四位下に叙され、十二月左京大夫を兼ねる。五年には参議となり、左大弁・勘解由長官・春宮亮も兼任し、親政の実を挙げる柱石ともなった道真はこのとき四十八歳、のちに政敵となる基経の長子時平は二十二歳であった。

宇多天皇の親政は、中央・地方官制の改革から防衛の強化に至るまで、多岐にまたがったが、寛平六年（八九四）八月二十一日、参議左大弁菅原道真を大使とし、左少弁紀長谷雄を副使とする遣唐使の任命が行われた。といっても、これは最初から船に乗るためのものでなく、遣唐使制度そのものを打ち切るためのものだったと言ってよい。

なぜならば、任命の一か月後の九月三十日、道真自身によって「遣唐使を停む」との上申書が出され、直ちに決定されているからだ。道真は既に唐の国内情勢を察知しており、遣唐使になんら意味のないことも知っていたが、長年にわたり唐の〝権威〟を担いで政治を壟断してきた藤原氏を排除するためには、一度任命した使節自身がこれを打ち切るという勇断を示さなければならないと考えたのであろう。形骸化した唐の〝権威〟を担ぐ弊風を一掃し、自主独立と天皇親政の道を確立するのが、宇多帝と道真の念願でもあったのである。これから十三年の後、唐朝は地上から消える。

宇多天皇は寛平九年（八九七）七月三日、三十一歳の若さで皇太子敦仁親王に譲位して上皇となるが、親政の体制は持続する。道真は権大納言から中宮大夫を兼ね、昌泰二年（八九九）には右大臣・右大将となる。同時に藤原時平も左大臣・左大将に進む。そして二年後の同四年正月七日、道真と時平はともども従二位に叙されるが、同月二十五日、突如として大宰権帥《ごんのそつ》として左遷された。この報せに宇多上皇は、慌てて内裏に駆けつけたが、門を固めた諸陣に阻まれて天皇に会えなかった。

先にも書いたが、宇多天皇は藤原系ではあっても生母が桓武帝の孫娘である。直接的に藤門の子女を母とする天皇ではなかった。従って、親政による改革を思い立ったのだが、それは藤原一門にとって重大な既得権侵害と言えなくもなかった。道真もまた、この帝の意図を奉じて懸命に尽くしたけれども、所詮は文人であり学者であった。奪権闘争のプロとも言うべき藤原一門の謀略には、抗する術《すべ》すらなかったのである。

しかし、宇多天皇と道真は、とにもかくにも幻の唐の権威を断ち切る役割は果たした。これ以後の歴史は、一九四五年敗戦の日まで、幾度か先進諸国の干渉こそ受けたが、直接的支配は受けず、日本人の日本人による日本に終始したのである。時平以降の藤原氏も、清盛の平氏も、そしてまた源氏、北条氏、足利幕府や徳川幕府も、外国の《権威》を振りかざすようなことはなかった。

二十世紀の外圧と、それを利用する政党や官僚は、いつの日弊風を取り除き、自前の歴史を打ち立てるのであろうか？

【跋文】『古代の敗戦国日本』出版に添えて

本書原稿を著者吉留路樹氏から託された者として、本書の由来を少し書き残します。

私は長年、公立学校で教師をしていました。幼いころより父親から中国での初年兵としての戦争体験の苦しみを聞かされ、小学校三年生のころには、父ちゃんは僕たちにはこんなに優しいのにどうして中国の人たちに酷いことができたのだろうか――そんな疑問を持っていたことを記憶しています。そういう疑問が中国との関わりの一つのきっかけになり、一九七八年から現在まで約半世紀の長きにわたり、私は日本と中国の青少年の交流に携わってきました。

今回出版の『古代の敗戦国日本』の原稿は、氏が亡くなる前に全著作と一緒に私に届けたもので、添え書きに「後は縁があったらよろしく」とあり、原稿の数か所に前著『倭国ここに在り』（一九九一年刊）とセットである、との記述があり、これを出版依頼と受け止め、関係出版社と相談を始めてはいました。しかし私の背中を強く押したのは、二〇二四年一月、百歳の母の死と、日中青少年交流の起点となった「NPO東アジアオープンハートコミュニティ」の三十四年間の活動の終止符を打つ解散手続きでした。これが何故、花乱社の別府大悟氏に連絡を取り出版することに繋がったのか、不思議でした。時あたかも私の年齢は路樹氏の享年七十二歳と同じになっていました。

路樹氏との出会いは、一九九〇年、中国の青島で新設青島大学が始まるときに募集された初の日本人留学生四名中に、二人が加わったことからでした。四十代の私と、同い年六十代のお二人、それに吉留氏。以来、一九九七年に氏が息をひきとられるまでお付き合いをさせていただきました。

氏は生まれてまもなく、父親の仕事の関係で朝鮮の群山（対岸は白村江）を皮切りに、中国の遼陽で学生時代を過ごし、敗戦の年に青島に移り戦争に召集されています。日本統治下の朝鮮で隣人と現地語で分け隔てなく話して共に生き、さらに十五年戦争当時の中国でも、違和感なく現地語で隣人と仲良く遊んだこと、読み書き、さらには隋・唐・宋の歴史書の素読ができていました。この生い立ちが文筆家吉留路樹に至ったと考えています。一方母は、私の約半世紀の青少年交流こそ長年の私の指針だと理解しており、常日頃から私に元気がないと感じたら中国に行って来なさいと私を後押しする人でした。

衝撃の出会い「青島余情」

日中青少年交流は一九九〇年の夏休みの青島大学留学生宿舎の一室に始まります。既に七八、八八年には福岡の教師たちが旧満州を訪れ、現地の人たちと戦争の傷跡を共に語り合い、非戦を誓い、写真集も出版しました。しかし日本の子どもたち、保護者に戦争の悲惨さと平和の大切さはなかなか伝わりません。そこに個人と個人の繋がりがない、という課題を抱えての私の青島大学留学でした。

吉留路樹氏のルームに初めて訪れたときです。氏の一声、「岡本!!　できたぞ、青島余情（次ページ参照）だ」。笑みを浮かべながら一気に読んでくれました。後日、この歌は青島市政百周年記念の優秀作品として下関～青島間のオリエントフェリー・ユートピア号で出発と到着時に汽笛とともに大音響で流されていて、記憶しておられる方もあるかもしれません。

青島余情

作詞　吉留　路樹
訳詞　徐　修徳
作曲　熊　輝

1

夢を求めて徐福が発った
嶗山岬は昔と同じ　昔と同じ
だけどあなたは帰らない　帰らない
蓬莱島へ行ったのかしら　行ったのかしら
アアアアーアアアーアアアアアアー
アアアアーアアアーアアアアアー
涙こらえて東を見れば　空の鷗も片羽鳥
涙こらえて東を見れば　空の鷗も片羽鳥

2

そぞろ歩きの魯迅の園で
未来を誓った十五夜の月　十五夜の月
そうよあなたは帰って来るわ　帰って来るわ
私待ちますいついつまでも　いついつまでも
アアアアーアアアーアアアアアアー
アアアアーアアアーアアアアアー

3

雨の中山路一人で行けば　肩に降る降るプラタナス
雨の中山路一人で行けば　肩に降る降るプラタナス

夕陽に映える天主堂
いつも寄り添う二つのクルス　二つのクルス
左は君で右は僕　右は僕
そう言ったのはあの日のあなた
そう言ったのはあの日のあなた
アアアアーアアアーアアアアアアー
アアアアーアアアーアアアアアー
滲む桟橋たたずむ影よ　今日も見つめる夫婦波
滲む桟橋たたずむ影よ　今日も見つめる夫婦波

この「青島余情」に氏の半生が込められていました。一九四五年にこの青島から宮崎の高射砲部隊に召集され、敗戦を迎え、その後四十五年間の日本での生活を経て、今回私と同じ青島（青島大学）に戻り、一九四五年までの自身の朝鮮、中国の生活を回想してつくった歌、それが「青島余情」でした。この夜は何時間も、私と六十七歳のお二人と吉留路樹を交えて四人で夜更けまで語り合いました。そしてこの夜の氏の話を契機に、初対面だった四人の心は次第にオープンになっていったのを今も記憶しています。

短期留学が生んだ日中青少年交流

留学中は毎日午前中の中国語学習の後、バスに乗って日本語を学ぶ中国人学生さんと共に植民地時代氏が関わった青島市内の施設や民家を訪れました。なかでも音楽家の中村八大さんのお父さんが校長をされた青島第一中学校で、日本人と中国人間の差別なき教育を目指し、苦心されたお話、息子さんのお名前が「八大館」という地名に因んでつけられたことは、今も新鮮に記憶に残っています。

こうした一月半の留学生活を終え、終業式では青島大学学長代理と主任の挨拶の後、吉留路樹氏十五年戦争中の青島実情の話があり、それを受けて青島大学の複数の先生のご家族の痛々しい被害体験のお話、そのあと抑えきれず、私が幼少のころから父親に聞かされてきた戦争体験を語りました。それらを受けて最後に担任の周先生が涙ながらに話されたのです。「七八年の日中国交正常化という歴史的な関係改善を受けての歴史的な短期留学を終え、みなさんのお話を聞いて思ったことがあります。もしも一人の日本人が十人の朝鮮人とチング（友人）になれたら、もしも一人の日本人が百人の中国人と朋友《ポンユー》になれたら、あの日中三十年戦争はなかったかもしれない」

その雰囲気は私にとっては初めて味わう空気でした。けんかや心配事の後に感じる単なる安堵でなく、それらを遙かに超え、神様からいただいたような安心、安堵、愛、平和の別の感覚でした。周先生は最後に提案をされました。それは、次世代のための青少年交流の発足を促すものでした。

その青少年交流の扉が、こうした四十日の吉留路樹氏を軸とした国籍、男女、年齢、所属を超えた留学生と現地との交流の感動の中で開かれたのです。以後、教師仲間との三年間の準備作業を経て、九三年に第一回福岡青島青少年交流団が下関港から中国青島市を訪れたのです。青島港では大編成の学生ブラスバンドによる大歓迎の式典が催され、現地マスコミが大々的に報道し、民間外交の一滴が大海に注がれた瞬間でした。その一滴は私の生活をも大きく変えていきました。

白村江研修の旅にて。左から二人目のサングラス姿が吉留氏（1994年７月25日）

個と個の交流の感動が生み出した二冊の歴史書

留学後、久留米に居を構えられていた吉留路樹氏とは活動を共にする機会が多くなり、その関係は亡くなる九七年まで続きました。帰国後直ぐに、東アジア研究会を立ち上げました。例会では中国文献、『魏志倭人伝』や『宋書』、『隋書』、『旧・新唐書』などの読解、書かれた地名を尋ねて朝倉や太宰府などを散策し、現地の方々を交えての話し合いなどをしてきました。毎会終了後は楽しい雰囲気になります。誰が言ったか分かりませんが、「個と個の交流の感動が平和な東アジアの世界を創るかもしれないね」、この言葉が今でもしっかり胸に焼き付いています。

朝倉の朝闇《ちょうあん》神社を訪れたときのことです。氏は、「七世紀までは具体的な地名は『古事記』、『日本書紀』には出てこないよ。でも阿蘇神社も宮地嶽前方後円墳もここにあるだろう」と語り、また太宰府の都府楼の説明書きにある竪穴を見ながら、「竪穴は？　推古天皇六百年の礎石以前の掘立柱の穴だよ。だからもともとは大に点ありの太宰府なんだ。『宋書』倭国伝の伝える通り四〇〇年代に都督府として設けられていたんじゃないかな？」とこんな感じで中国や朝鮮の歴史書と日本の古代の遺跡が関係していることを明らかにし、地元福岡や佐賀を中心にした史跡の、新史実の披瀝を目の当たりにして、私たちに浸透している思い込みを根源から解放していただきました。それが九一年に上梓した『倭国ここに在り』に結実したのでした。そして二冊目がこの度出版する『古代の敗戦国日本』です。

内容的には白村江の戦いから道真の死までを取り扱った作品であり、吉留路樹氏自身、『倭国ここに在り』とセットであるとの認識で九七年までには書かれています。今回の原稿も前作と同じように、研究会の会員が親子のように連れ立って、韓国の白村江や太宰府の都督府跡や朝倉市の朝闇神社、黒川の地を何度も訪れ、夜は一人ひとりが眼前の遺跡から感じたものを静かに出し合う中で書かれた作品でした。

私もいろいろな人たちに、七八年から二〇二四年までの半世紀弱の日中交流を語る時、吉留氏との青島大学留学の四十日とその後を抜きにしてはありえないことでした。そしてこの交流が両国の関係の中で一定の有効なエネルギーを発信してきたのも事実だと思います。しかしながら今回の氏が私に託した原稿が二十七年経って出版の縁をいただいたのですが、その長さにこそお付き合いを超えた深い意味があることがこの跋文を書きながら次第に分かってきました。

二十七年は私の中の分離意識から統合への気付きの時間でした。知ることとその存在になることは似て非なることです。言葉と行動は必ずしも一致しません。そのことが分かるきっかけになったのは、私自身が二〇〇五年に大腸癌を患い、二〇〇六年教師を退職して再度青島に渡り、元青島大学教師の閻玉蘭先生から気功太極拳をメインにした自然治癒を学ぶご縁をいただいたことです。この新たな留学は歴史や散策を中心に交流した九〇年の留学とは違って、人間が日常の言葉やイデオロギーなどを超えた波動、エネルギーの存在であることを体感した貴重な時間でした。毎日の鍛錬は一人海や山、大自然と直面するある種の瞑想でした。その鍛錬の中で空気のように常に出会うのが吉留路樹氏の「青島余情」でした。最後のフレーズにいつも愛を感じました。

「涙こらえて東を見れば　空の鷗も片羽鳥」
「雨の中山路一人で行けば　肩に降る降るプラタナス」
「滲む桟橋たたずむ影よ　今日も見つめる夫婦波」

吉留先生へ

一九四五年までの二十年間の十五年戦争下での朝鮮と中国での仲間との生活、その中で先生自身も何度も喜びと悲しみを体験されたでしょう。そのことを通して人間存在そのものが分離ではなく全体性、ありのままであり、繋がり合っていること（愛）を実感されてこられたのだと思います。だからこそあの青島の大寄宿舎で、青島の町中で、東アジア研究会の例会で、史跡現地の交流の場で、争わず、楽しく、明るくみんなを繋ぐことができたのだと思います。先生の生き様はそこが原点でした。

そして私自身、その原点に共感できるまで二十七年を要しました。二つの癌との出会い、この五年の毎日の般若心経の読経、さらには母の死、などは自我の気付きに繋がり、日常生活を一変させました。母は亡くなる前には、「最後はまた中国に行って……」を言わなくなり、青島を共にした友人から「岡本先生は最近、中国で暮らさなくて良くなりましたね」とのメッセージが届きました。これらは、私の成長を認めてくれた証として素直に喜んでいます。これらの体験こそが高次の世界、先生の心に近付く道程でした。

吉留先生、先生とお会いできて良かった。ありがとう先生。先生がおっしゃった「ご縁があったら」とは共感できた時だったのですね。お預かりした原稿を出版させていただきます。一人でも多くの方に人間の本質を生きることが真実の歴史をつくりあげていくこと、この吉留史学が混沌とした世界状況を生きる人たちへの指針になるとしたらこの上ない喜びです。

二〇二四年四月

岡本啓次

【追記】岩戸山歴史文化交流館を訪れて（二〇二四年七月二日）

「記憶からいまここへ」の誘い

花乱社の別府社長が送ってきた本書校正紙、そして同書の装丁用としてお願いしたフェルナンド・コーマさんの絵の写真をショルダーバッグの中に大切に保管して、炎天下、八女市にある岩戸山歴史文化交流館を訪れた。前日までに何回も、吉留路樹氏の世界観を感じながら改めて磐井が残した遺跡・遺物たちは私に何か心の変化を与えてくれるだろうか、という漠然とした思いに駆られての行動だった。
ふと、椅子に座って案内の音声をぼぉっと聴いていると、前掲の言葉が降りてきた。磐井の言葉や動作が生き生きと、昔のことではなくいまここに伝わってくるのだ。これだ！と思わず拳で膝を叩きながらその言葉を書きとどめた。
原稿を手元にいただいてから二十七年経っての出版。吉留路樹さんの本の校正紙とフェルナンド・コーマさんの画像写真を持ちながら、この岩戸山歴史文化交流館に立つ私が感じたのは、囲いのない宇宙エネルギーと直結したありのままの私の波動だった。じーんと欣びが湧いてくる。いまここに存在する人や動植物と一体になった繋がりを感じさせてもらえるのだ。フェルナンド・コーマさんの、白色の枠で形作られた二頭の馬の枠が自我意識であり、その二頭を内から外から包み込んでいるのが真実だ、と丸ごと実感できる。

ここに、一月前ぐらいから私の心を捉えて離さなかった同交流館のパンフレットがある。

当館は郷土の英雄としての「磐井」を再考し、地域に根付く「古の記憶」を辿りながら、世代を超えて人々が楽しく体験や交流ができ、郷土愛が育まれる場となることを目的としています。（後略）

その「古の記憶」の一つを先生は確かに残してくれた。そしていまの私には、先生がどうしてその「古の記憶」を残すことができたのかが分かる。それは私たち人間の本質が「愛」であること、それを先生は伝えたかったのだ。出生後、植民地朝鮮で、植民地満州で、植民地青島で、言葉や国籍を超えて悪ガキ共

岩戸山古墳の石人石馬（レプリカ）

と遊び、育った東アジア人としての一体感＝「愛」を体験したからこそ、裏を返せば分離意識に洗脳された日本人の自我意識を見破る目があったからこそ、『日本書紀』から見た日本史に囚われることなく、ありのままに中国史や朝鮮史から見たありのままの東洋史が語れたのだ。

人間は唯ひとつの真実である「いま」、「ここ」を生きるのではなく、一人一人知的に作りだした架空の現実（自我）を生きている。そしてその自我が因になってあらゆる現象を引き起こしている。先の「跋文」に書いたように、ここまで来るまでに私自身、どれほど思い込みをほんとうの現実として認識して、自らを傷つけ、他人を傷つけてきたことか。しかし先生の存在があったからこそ、その苦しみを超えてお互いを包み込む光を感じることができるようになったのだ。

いま、岩戸山歴史文化交流館のベンチに座り、石人石馬を見ながら、すべてを超えた繋がり（愛）を感じている。吉留先生、ありがとう。今日はここで少しだけですが、先生の作品の文底にある愛に触れることができました。

吉留路樹（よしとめ・ろじゅ）
1925年７月21日，朝鮮全州で生まれ，旧満洲・中国で育つ。中国青島大学中文系結業，新聞記者を経て文筆生活に入る。政治，鉄道業界，労働運動，自動車，朝鮮人問題，日本史など幅広い分野で著述を行った。1997年６月24日，死去。

■主要著書

『馬賊物語』双葉新書，1967
『国鉄の偽装経営』ルック社，1970
『戦国の女性たち　上・中・下』霞ケ関書房，1970
『遣欧使・支倉常長』仙石出版社，1971
『日本人と朝鮮人――日本人の血の中にひそむ蔑視と差別』エール出版社，1972
『朴政権の素顔――その恐怖政治・腐敗政治の実態』エール出版社，1974
『甲陽軍艦入門』アロー出版社，1974
『火の如く――ある血盟団員』アロー出版社，1975
『非情列島』道草書房，1975
『国鉄残酷物語――この惨状を見るとストを恐れなくなる』エール出版社，1975
『玄界灘の灯火』亜紀書房，1976
『大村朝鮮人収容所――知られざる刑期なき獄舎』二月社，1977
『密航者群』二月社，1977
『大謀略――権力の本質を衝く!!　白村江から水本事件まで』アロー出版社，1978
『豊臣秀吉の爪跡――生きている文禄・慶長戦争』二月社，1978
『アイゴ！ムルダルラ――広島・長崎被爆朝鮮人の35年』（編著）二月社，1980
『史話 日本と朝鮮』現代思潮社，1981
『民衆の中の防衛論――それでも非武装中立だ…』現代史出版会，1981
『日本の危険な構造――現代の不条理を撃つ！』新経済出版，1981
『革新本流の再生――石橋政嗣その人と日本社会党の進路』市民出版社，1983
『熔岩』市民出版社，1984
『人権か指紋か――外国人登録制度の狙いとホンネを衝く』市民出版社，1985
『許すまじ国鉄の分割・民営――国民財産を守る五千万人怒りの署名』（編著）市民出版社，1985
『日韓併合の真相――ノンフィクション』世論時報社，1988
『倭国ここに在り――文底に隠された真実・二つの国があった日本列島』葦書房，1991

古代《こだい》の敗戦国《はいせんこく》日本《にほん》

大敗戦《だいはいせん》が招《まね》いた支配《しはい》と干渉《かんしょう》・隠《かく》された真実《しんじつ》をえぐる

❖

2025 年 3 月 24 日　第 1 刷発行

❖

著　者　吉留路樹

発　行　東アジア研究会
代表：岡本啓次
佐賀県鳥栖市大正町 771-9

制作・発売　合同会社花乱社
〒810-0001 福岡市中央区天神 5-5-8-5D
電話 092(781)7550　FAX 092(781)7555
http://www.karansha.com

印刷・製本　亜細亜印刷株式会社

ISBN978-4-911429-06-8